Ullstein

ÜBER DAS BUCH:

Die herkömmliche Medizin steht der steigenden Zahl an psychosomatischen Symptomen hilflos gegenüber und vermag sie mit ihren chemischen und operativen Methoden nicht zu heilen. Der Autor geht davon aus, daß die Schulmedizin gerade deshalb, weil sie sich ausschließlich auf den Körper konzentriert, die wesentlichen, für diese Art von Krankheiten verantwortlichen Ursachen verfehlt. Er zeigt, daß sie durch sogenannte ›Fehlprogrammierungen‹ entstehen, d. h. daß unbewußte negative Vorstellungen entwickelt werden, die sich destruktiv gegen die Physis richten. Dr. med. Walter Weber praktiziert äußerst erfolgreich eine Methode, indem die als körperliche Beschwerde sich manifestierende Energie umgeleitet und in Form von Sprache oder Handlung ausgedrückt wird. Dieser Ratgeber versteht sich nicht als Alternative zur Medizin, sondern ist als eine notwendige Ergänzung aufzufassen.

DER AUTOR:

Dr. med. Walter Weber wurde 1944 in Düren/Rheinland geboren. 1969 medizinisches Staatsexamen, 1970 Promotion. Nach Weiterbildung zum Internisten zwei Jahre Tätigkeit als Oberarzt. Seit 1979 in eigener Praxis als Internist tätig.

Weitere Veröffentlichung:
Die Seele heilt den Menschen (1992).

Dr. med. Walter Weber

Der Mensch ist mehr als sein Körper

Ullstein

Ratgeber
Ullstein Buch Nr. 35319
im Verlag Ullstein GmbH,
Frankfurt/M–Berlin

Ungekürzte Ausgabe
(auf der Grundlage der 3. Auflage)

Umschlagentwurf:
Friedemann Porscha
Unter Verwendung einer Abbildung
von Pictor International

Taschenbuchausgabe mit freundlicher
Genehmigung der F. A. Herbig Verlagsbuchhandlung GmbH, München

Printed in Germany 1993
Druck und Verarbeitung:
Clausen & Bosse, Leck
ISBN 3 548 35319 3

Mai 1993
Gedruckt auf Papier mit chlorfrei
gebleichtem Zellstoff

Die Deutsche Bibliothek –
CIP-Einheitsaufnahme

Weber, Walter: Der Mensch ist mehr
als sein Körper/Walter Weber. –
Ungekürzte Ausg. (auf der Grundlage
der 3. Aufl.). – Frankfurt/M; Berlin:
Ullstein, 1993
(Ullstein-Buch; Nr. 35319: Ratgeber)
ISBN 3-548-35319-3
NE: GT

Inhalt

Einführung 7

I. Persönliche Erfahrung und Theorie 9

Die Geschichte der Anni K. –
Ist Krebs mental heilbar? 9
Das Mädchen mit dem Nierenbluten 14
Macht und Symbolik der Worte 19
Der Mensch ist nicht nur Körper 24
Das Wesen des Menschen 28
Ein Programm entsteht 33
Krankheiten sind Programmierungsfehler 39
Energie und Emotion 44
Den Programmen auf der Spur 49
Therapie, Individualität und Statistik 56
Zusammenfassung 57

II. Vertiefung des Wissens 59

Schwingungen, Information und Kommunikation 59
Transformation 64
Schwingung und Umwelt 66

Wie entsteht Spannung beim Menschen? 69
Verbalisieren – Dramatisieren – Somatisieren 71
Störung auf den einzelnen Ebenen 74
Organische Erkrankungen 79
Falsche Lösungen 80
Die Professionalisierung des eigenen Leidens 83
Identifizierung und Übereinstimmung 84
Gesundes Bewußtsein – Bewußte Gesundheit 87
Eine Rangfolge der Absichten 90
Die Kraft der Vorstellungen 97
Kommunikationsebenen 101
Positives Denken 106
Geistige Gesetze 114

III. Anwendung des Wissens 119

Hilfe zur Selbsthilfe 119
Voraussetzungen für eine sinnvolle Hilfe 122
Entladung energiereicher Falschprogramme 126
Programme und Energie 126
Programme und Raum 133
Programme und Zeit 139
Das Auflösen von Phantombildern 146
Harmonie 149
Das Ziel der Behandlung 150

IV. Trainingsanleitungen 155

Hilfe und Selbsthilfe 155

V. Anhang 167

Der Weg der Impulse 167
Anmerkungen 172
Literaturhinweise 175

Einführung

Seit zwanzig Jahren bin ich als Arzt tätig. Immer wieder und immer häufiger sah ich bei den Patienten Phänomene, die ich als Mediziner nicht erklären konnte. Warum landete ein Patient mit einem frischen Herzinfarkt im Krankenhaus, nachdem noch am Tage zuvor alle Untersuchungsergebnisse unauffällig gewesen waren? Warum hatte eine Patientin heftige und glaubwürdige Oberbauchbeschwerden, ohne daß die Ursache gefunden werden konnte? Warum hatten manche Patienten keinerlei Beschwerden und waren doch schwerkrank?

Dieses Buch beschreibt mein intensives Suchen nach einer Antwort. Es führt heraus aus der chemisch-mechanischen Betrachtungsweise des Menschen in die Ebenen der Energie, der Emotionen und des Ich. Es klärt auf über die Macht von Gedanken und Worten und eröffnet dem Leser immer tiefere Einblicke in die Ursachen *aller* psychosomatischen Beschwerden, das heißt der Beschwerden ohne krankhaften Organbefund.

Dieses Buch will keine Alternative zur Medizin darstellen, sondern eine notwendige Ergänzung. Es ist geschrieben für all diejenigen Menschen, die Hilfe suchen und Hilfe geben möchten.

Für ihre Unterstützung danken möchte ich besonders: Ulrike Gräfin Castell, Michael Galle, Klaus W. Hoenow, Klaus Hornung, Fred Lembke, Horst Meyer, Dr. med. Gerhard Oberhöffken, Lisa Peters, Gabriela Pustmüller, Thomas Röttgen, Wolfgang Schamberger, Barbara Weber, Dipl.-Ing. Heinz Weber, Dr. med. Hendrik Westermann.

Dr. med. Walter Weber

I. Persönliche Erfahrung und Theorie

Die Geschichte der Anni K. – Ist Krebs mental heilbar?

Im Juli 1985 wurde mir eine schwer krebskranke Patientin überwiesen, Anni K., 55 Jahre alt. Ihre Erkrankung: ein hinter der Niere gelegener bösartiger Tumor, infolge seiner Ausdehnung nicht vollständig operativ zu entfernen, die Aussicht auf einen Erfolg durch zusätzliche Strahlen- oder Chemotherapie extrem gering, die Heilungsaussichten fast Null. Geschätzte Lebenserwartung durch den damaligen behandelnden Spezialisten: höchstens sechs Monate. Die Patientin selbst: von 60 kg auf 40 kg abgemagert, kompletter Haarausfall infolge der Chemotherapie, hoher Schmerzmittelverbrauch, hoher Beruhigungsmittelverbrauch. Psychische Stabilität: praktisch Null. Todeswunsch. Soziale Einbindung: Rückzug fast aller Freunde, liebevoll um die Mutter besorgter Sohn. Medizinische Untersuchungsbefunde: deutliche Zeichen der Blutarmut, Zeichen des allgemeinen Kräfteverfalls. Weitere Organe schienen nicht betroffen.

In meiner Hilflosigkeit machte ich Frau K. zunächst Mut: "Sie werden es schon schaffen." Ich gab ihr ein Buch über positives Denken und sagte: "Lesen Sie es, es wird Ihnen helfen!" Den weiteren Verlauf schildert Anni K. am 6.9.1990 (laut aktuellem Untersuchungsbefund vollständig geheilt

und strahlend) wie folgt: "Das Gespräch beim Arzt hatte mich ein wenig beruhigt, aber schon der Nachhauseweg strengte mich wieder derartig an, daß ich völlig erschöpft und voller Schmerzen zu Hause ankam. Mein Sohn war nicht da. Ich war allein. Freunde hatten sich zum größten Teil von mir zurückgezogen, ebenso die Verwandten. Wenn ich in den Spiegel blickte, schaute mich eine greisenhafte Halbtote an. 'Sie werden es schon schaffen', hatte der Arzt gesagt. Nett, aber wenig glaubwürdig. Höchstens noch ein paar Monate zu leben, hatte der andere Arzt gesagt.
Ich sackte in mich zusammen, meine Gedanken engten sich ein. Ich saß wie im Trancezustand am Wohnzimmertisch und griff nach dem Buch, das der Arzt mir gegeben hatte. 'Sie werden es schon schaffen, Sie werden es schaffen', hallte es wie ein Echo durch meinen Kopf. Aber wie? Etwa mit so einem Buch!? Wo doch allen Ärzten Hilflosigkeit ins Gesicht geschrieben stand.
Ich schlug das Buch wahllos auf und las: 'Es ist kein Zufall, daß Sie dieses Buch in die Hand bekommen haben und daß Sie gerade diese Zeilen lesen. Schon viele Leute waren vor Ihnen in der gleichen Situation, hoffnungslos, ausweglos, todkrank. Viele von ihnen haben es geschafft!'
Dieser Satz traf mich wie ein Hammerschlag – viele von ihnen haben es geschafft, das stand tatsächlich da. – 'Sie werden es schon schaffen', hatte der Arzt gesagt. Ich brach in Tränen aus. Das ganze Buch verschwamm vor meinen Augen, die Seiten wurden tränennaß. Ich legte das Buch zur Seite, lesen konnte ich ohnehin nicht.
Eine Wärmewelle lief durch meinen Körper. Plötzlich war der Gedanke da: Vielleicht hast du doch noch Hoffnung?! Sofort kam der Zweifel – nein, hör auf mit diesen Phantasien, mach dir doch nichts vor, du bist bald nicht mehr da, ein einigermaßen angenehmer Tod ist deine einzige Hoffnung – doch dann kam wieder diese Wärmewelle, dieser Hoffnungsgedanke: warum eigentlich nicht?

Irgendeine mir bis dahin unbekannte Kraft stieg in mir auf. Ich werde es euch schon zeigen, dachte ich, ich werde es euch schon zeigen. Und dann: Ich will nicht sterben, ich will nicht krepieren. Ich rannte zum Fenster, riß es auf und ließ mir frische Luft ins Gesicht wehen. Ich war völlig durcheinander, ein furchtbarer Kampf tobte in mir. Du hast Hoffnung, schrie es. Nein, sei doch kein Narr, sei Realist, für die Ärzte bist du doch schon abgeschrieben.

Wie lange ich am Fenster stand, weiß ich nicht. Schließlich drehte ich mich entschlossen um und las weiter in diesem Buch. Ich las von Menschen, die völlig am Boden waren, dann wieder auf die Füße kamen, von Schwerstkranken, die wieder gesund wurden, von Leuten kurz vor dem finanziellen Ruin, die wieder erfolgreich wurden. Ich wurde ruhiger und las weiter: 'Was Sie in Ihr Unterbewußtsein eingeben, das wird sich erfüllen. Geben Sie Ihrem Unterbewußtsein gute, positive Gedanken, klare schöne Vorstellungen ein, so werden Sie Gutes und Positives erleben. Geben Sie Ihrem Unterbewußtsein negative Gedanken, häßliche Vorstellungen ein, so werden Sie genau dieses erleben.'

Die letzten Jahre traten vor mein geistiges Auge: Nur Negatives hatte ich erlebt, nur Enttäuschung, nur schlechte, bedrückende Gedanken. Und dann die letzten Wochen und Monate: kein Gedanke der Hoffnung, kein Gedanke der Zuversicht, nicht einmal bei den Ärzten, nur Negatives – bei Verwandten und Freunden, in der Zeitung, im Fernsehen. Zum Beispiel der Anruf einer sogenannten Freundin: 'Hast du schon gehört, Anni, Mildred Scheel hat es auch nicht geschafft!' Oder: 'Hast du das mit Steve McQueen gelesen? Ist es nicht grauenvoll?' Und dann diese mitleidvollen, für mich nur grausamen Blicke: 'O du Arme!'

Plötzlich ging ein Ruck durch meinen ganzen Körper. Anni, sagte ich mir, du kannst es tatsächlich schaffen. Du wirst ab sofort nur noch Positives denken und Positives an dich heranlassen.

Diesen Beschluß habe ich konsequent durchgesetzt. Ich habe keine Fernsehsendungen mehr angeschaut, keine Zeitung mehr gelesen. Ich habe Kontakte sofort abgebrochen, wenn ich merkte, daß von dort negative Ausstrahlungen kamen. Ich wollte es schaffen. Ich habe mir immer wieder gesagt: 'Anni, du schaffst es.'
Unterstützt wurde ich dabei nur von einer Freundin, die mich am Telefon sofort unterbrach, wenn ich wieder anfing zu jammern: 'Anni, dein Jammern kenne ich jetzt. Ruf mich bitte wieder an, wenn du mir etwas Vernünftiges zu erzählen hast.' Dann hat sie einfach aufgelegt. Auch wenn mir dies zunächst sehr hart und grausam erschien, so war es doch eine ganz wichtige Hilfe. Dann habe ich mir konsequent vorgestellt: Wenn ich das nächste Mal zum Arzt komme, wird er mir sagen: 'Frau K., wir wollen jetzt mit der Chemotherapie[1] aufhören.' Genau das ist eingetreten.
Ich fing an mich zu erholen. Der Appetit nahm zu, die Schmerzen ließen nach. Beruhigungsmittel nahm ich ohnehin nicht mehr. In vier Wochen sollte die entscheidende Untersuchung folgen, die Computertomographie[2]. Vier Wochen lang hatte ich nur eine Vorstellung: Ich sah den Röntgenarzt, wie er auf mich zukam und mir sagte: 'Frau K., wir finden bei unserer Untersuchung keinen Hinweis mehr für Ihre Erkrankung.'
Vier Wochen später war die Computertomographie. Nach der Untersuchung kam der Arzt mit sehr ernster Miene auf mich zu. Das Herz schlug mir bis zum Halse. Er fragte ganz vorsichtig, um sich zu vergewissern: 'Sie sind doch an diesem ... diesem Tumor operiert worden?' Er stockte: 'Also, ich bin mir zwar nicht ganz sicher, aber es scheint alles weg zu sein.'
Um mich herum drehte es sich. Ich nickte wie selbstverständlich und sagte: 'Ja, ja, das habe ich erwartet.' – Der Arzt schaute mich fassungslos an, und wir verabschiedeten uns voneinander."

Die Erzählung von Frau K. ist, so unglaublich sie auch immer klingen mag, fast wörtlich wiedergegeben. Frau K. hat ihre positive Lebenseinstellung bis heute behalten. Sie sagt, daß sie weiterhin ständig daran arbeitet, einfach keine negativen Gedanken mehr zuzulassen. Ihre Schilderung klingt glaubwürdig – sie hat ein strahlendes Wesen. Sie hat schon mit vielen anderen Menschen gesprochen und manchen Mut und Hoffnung machen können. Frau K. ist gesund und glücklich.
Warum erzähle ich diese Geschichte? Viele Mediziner haben sicherlich ähnliches erlebt. War dies tatsächlich eine mentale[3] Heilung? Wurde Frau K. entgegen aller Statistik durch die Chemotherapie geheilt? War es ein Spontanverlauf[4]? Wäre der Verlauf der gleiche gewesen, wenn Frau K. nicht dieses merkwürdige Buch in die Hand bekommen hätte?
Auch wenn ich schon einige vergleichbare Krankheitsverläufe in meiner bisherigen Praxis beobachten konnte, so muß ich dennoch feststellen, daß diese Geschichte für sich gar nichts beweist. Und trotzdem hat mir der Fall der Anni K. neue Gesichtspunkte in der Krankheit eines Menschen gezeigt: Es gibt offensichtlich Dinge, die nur im Inneren eines Menschen ablaufen und die äußerlich zunächst nicht sichtbar sind.
Diese Problematik, daß im Inneren eines Menschen Dinge ablaufen, die mit medizinischen Untersuchungsmethoden nicht erfaßbar sind, begann mich mehr und mehr zu beschäftigen
Ich dachte an Phänomene und Beschwerdebilder, die ich nicht verstand, denen ich keine organische Erkrankung zuordnen konnte, dachte an Patienten, die keine Beschwerden hatten, und dabei schwer- bis sterbenskrank waren, an Patienten mit hohem Schmerzmittelverbrauch ohne organische Erkrankung, an Patienten ohne jeden Schmerzmittelverbrauch mit schwersten Krankheiten, an Patienten mit unde-

finierbaren Ängsten, an plötzliches Auftauchen und Verschwinden von Symptomen jeder Art ohne sichtbare Erklärung. Ich begann, nach einer Erklärung für diese Phänomene zu suchen . . .

Das Mädchen mit dem Nierenbluten

Eines Tages kam eine junge, sechzehnjährige Patientin zusammen mit ihrer Mutter in die Praxis. Ich erfuhr, daß sie seit einem Jahr Nierenbluten habe und schon von einigen Ärzten, darunter auch Fachärzten, untersucht und behandelt worden sei. Sämtliche ambulant durchführbaren Untersuchungsmethoden seien angewandt worden, mehrfachen Therapieversuchen sei der Erfolg versagt geblieben. Das Nierenbluten bestand weiterhin. Dazu kamen ziehende Schmerzen in beiden Nierengegenden.
Ich veranlaßte die üblichen Blut- und Urinuntersuchungen und führte eine Ultraschall-Untersuchung der Nieren und der Harnblase durch. Röntgenaufnahmen lagen bereits von früheren Untersuchungen vor. Abgesehen von dem eindeutigen Befund von vielen roten Blutkörperchen im Urin fand sich kein Hinweis auf eine organische Krankheit, wie zum Beispiel eine Tuberkulose oder ein Nierensteinleiden.
In Gedanken an ein sogenanntes psychosomatisches[5] Leiden fing ich an, die Patientin auszufragen: Ich fragte nach der Schule, nach Streß[6], nach Aufregungen, nach Kummer, Sorgen und Nöten: Nichts!
Ich befragte die Mutter, die ebenfalls alle diesbezüglichen Fragen verneinte. Schließlich war ich ziemlich mißmutig wegen dieser ganzen Fehlanzeigen. Ich rückte mit meinem Stuhl näher an die Patientin heran, schaute sie grimmig an und sagte: "Nun aber heraus mit der Sprache! Was ist eigentlich los?!"

In diesem Moment brach ein innerer Staudamm: Das Mädchen fing an zu weinen und begann die Geschichte einer vielmonatigen erheblichen psychischen Belastung infolge zweier Konflikte zu erzählen. Diese Konflikte hatte die junge Dame lange mit sich herumgetragen und offensichtlich ständig unterdrückt. Die Mutter schaute mich verständnislos an. Sie, die offensichtlich ein sehr gutes Verhältnis zu ihrer Tochter hatte, wußte von alledem nichts. Ihre Tochter hatte es nicht sagen können, sie hatte ihren Kummer unterdrückt. Später, zu Hause, schüttete die Patientin dann doch schließlich ihrer Mutter ihr Herz — oder ihre Niere? — vollständig aus.
Die nächste Urinkontrolle, die drei Tage später erfolgte, war völlig unauffällig! Und sie blieb es auch, wie eine spätere Kontrolle zeigte.
Was war hier geschehen? Mir wurde erstmalig klar, daß innerer Druck offensichtlich im Zusammenhang mit Krankheit steht, sogar mit faßbaren Untersuchungsbefunden und natürlich mit dem ganzen Menschen. Jetzt fiel mir auf, wie häufig wir in der Umgangssprache "Energie-Ausdrücke" verwenden, um Sachverhalte darzustellen: Er steht unter Druck. — Sie ist bedrückt. — Er steht unter Anspannung. — Sie ist gespannt, überspannt, geladen, aufgeladen. — Er steht unter Dampf. — Sie läßt Dampf ab. — Sie ist ohne Energie. Nicht zu vergessen ist das bereits erwähnte Wort Streß.
Die Sprache, die uns nicht selten unbewußt Hinweise für innere Zusammenhänge gibt, brachte mir in diesem Zusammenhang meine ersten Vorstellungen zur Erklärung dieser Phänomene.
Wenn der Mensch unter Druck gerät, wie in diesem Fall unsere junge Dame, so scheint es zumindest zwei Möglichkeiten zu geben, wie sich dieser Druck auswirkt, beziehungsweise wie er bewältigt werden kann:
1. Der Druck (Energie, Spannung) verbleibt im Körper, wie auch immer das naturwissenschaftlich zu deuten ist. In

diesem Fall löst der Druck Beschwerden aus, die häufig nicht als organische Krankheit erfaßbar sind, zum Beispiel Schmerz, Ziehen, Reißen und so weiter. Die Lokalisation dieses Phänomens scheint sehr individuell zu sein.

2. Durch eine entsprechende Aussprache (Aus-Druck!) läßt dieser Druck nach beziehungsweise verschwindet vollständig, in diesem Fall sogar das damit verbundene organische Geschehen, nämlich das Nierenbluten.

Diese Vorstellungen gaben mir eine mögliche Erklärung für das, was ich lange Zeit nicht verstanden hatte, nämlich für das Krankheitsbild der vielen Patienten mit ihren vielfältigen Beschwerden und Symptomen. Diese Symptome – beispielsweise Beschwerden in der Nierengegend, Druck auf dem Herzen, Stechen in der Magengegend – schienen einfach Ausdruck von Druck, Spannung oder, ganz allgemein ausgedrückt, von aufgestauter Energie zu sein.

Natürlich war diese Deutung nur ein erster Erklärungsversuch, denn was war dieser Druck eigentlich? War er physikalisch, naturwissenschaftlich faßbar oder sollte er nebulös und mystisch bleiben?

Der Zufall bescherte mir zu dieser Zeit eine Lektüre über Akupunktur. Auch bei diesem Heilverfahren geht es um die Energieverteilung im Körper. Ich fand jemanden, der mir die Elektro-Akupunktur nach Dr. Voll demonstrierte. Hierbei werde, so wurde mir erklärt, über die entsprechenden Akupunktur-Punkte der Energiebereich von Organen, Körperabschnitten oder ganzer Körperhälften gleichsam "angewählt". Mittels eines speziellen Gerätes könne dann eine normale Energiesituation, eine Überladung oder ein Mangel an Energie festgestellt werden.

Ich mißtraute dem Ganzen und ließ meine Organe durchtesten. Ohne daß ich vorher etwas von mir preisgegeben hätte, wurden exakt die Organe als überlastet festgestellt, an denen auch ich hin und wieder ein Ziehen, ein Drücken oder Ähnliches bemerkt hatte. Ich informierte mich daraufhin ganz genau über diese Untersuchungsmethode und stellte dabei fest, daß die Energie, die da mittels eines komplizierten Apparates gemessen wurde, im weitesten Sinne mit elektromagnetischer Energie zu tun hat.

Ich informierte mich also eingehend über elektromagnetische Energie: Es handelt sich dabei um energiereiche Schwingungen mit unterschiedlichen Frequenzen (Schwingungen pro Sekunde). Elektromagnetische Schwingungen sind aus dem Alltagsleben und der Welt der Technik durchaus bekannt: Wir kennen die Radiowellen mit einer Frequenz von 3000 bis 30 Milliarden Schwingungen pro Sekunde, wir kennen die Ultraviolettstrahlung, Röntgenstrahlen und schließlich Gammastrahlen, also Strahlen mit immer höheren Schwingungszahlen.

Elektromagnetische Strahlung stellt eine Energieform dar und dient auch der Kommunikation, zum Beispiel bei Radiowellen. In dem Buch "Biologie des Lichts" von F. A. Popp fand ich einen Hinweis dafür, welche Bedeutung elektromagnetische Strahlung für lebende Organismen hat. Er beschreibt einen Versuch, um diesen Einfluß deutlich zu machen:

In zwei Gefäßen aus Quarzglas leben Zellen in einer Nährlösung. Die Gefäße berühren einander mit den Wänden. Eine der Zellkulturen wird mit einem Virus angesteckt — fast zur gleichen Zeit erkranken die Zellen der Nachbarkolonie. Das gleiche geschieht, wenn die Zellen tödlichen Dosen von ultravioletten Strahlen ausgesetzt oder mit einem chemischen Mittel vergiftet werden. Jedesmal erkranken die Nachbarzellen, die doch durch Quarzglas vor den Auswirkungen der vergifteten Zellen geschützt sein müßten, und zeigen genau die gleichen Symptome. Nur wenn statt Quarzglas normales Glas, das kein ultraviolettes Licht durchläßt, benutzt wurde, blieben die Nachbarn vom Leiden der ersten Kolonie verschont. Irgendetwas muß also die Nachricht von der Erkrankung durch das Quarzglas hin-

durch zu den Nachbarzellen getragen und sie infiziert haben. Die in die erste Kultur eingebrachten Chemikalien oder Viren können es nicht sein. Sie werden in der Nachbarkultur auch nie nachgewiesen.
Ferner las ich folgendes über einen weiteren Versuch Popps: Mit einem Verstärker wurde die Strahlung von Zellen gemessen. Normal lebende Zellen senden einen gleichmäßigen Strom von elektromagnetischer Energie aus. Die von verschiedenen Krankheiten befallenen Zellen weisen unterschiedliche Strahlung auf. Die Aussendung von elektromagnetischer Strahlung ist entweder eine unmittelbare Folge bestimmter natürlicher Vorgänge oder – sie regelt tatsächlich das Zellgeschehen!
Doch zurück zum Menschen. Wenn also das Substrat[7] für die oben beschriebenen Energie-Phänomene, wie zum Beispiel Drücken, Brennen, Stechen und so weiter, elektromagnetische Energie sein sollte, so war klar, daß wir mit unseren medizinischen Untersuchungsmethoden diese Vorgänge nicht nachweisen können. Diese erfassen lediglich mechanische, chemische oder elektrische Prozesse.
Mir drängte sich der Vergleich mit einem Computer auf: Der Körper ist praktisch die Hardware[8] einschließlich des Bildschirms, auf dem der entsprechende "Aus-Druck" erscheint. Der Energiebereich entspricht dem Bereich der Software[9]. Da elektromagnetische Wellen wesentlich feiner sind als Materie, kann die Software den gleichen Raum einnehmen wie die Hardware, ohne daß sie sich gegenseitig stören. Ebenso könnten wir es uns mit der elektromagnetischen Energie im menschlichen Körper vorstellen.
Mittels Elektro-Akupunktur scheinen wir den energetischen Zustand von Organen oder Organ-Systemen messen zu können. Noch einfacher ist es jedoch, wenn wir den Worten und Empfindungen unserer Patienten tatsächlichen Glauben schenken, wenn sie uns mitteilen: Mein Magen drückt. – Mein Herz tut weh. – Mein Hals brennt.

Unsere Empfindungen scheinen ein sehr empfindliches Meßinstrument für Störungen im Energiebereich zu sein! Sollten wir mit der elektromagnetischen Energie tatsächlich eine Erklärung für jene bislang nicht verstandenen Phänomene und Symptome gefunden haben, bei denen wir mit unseren medizinischen Meßmethoden keine Erklärung finden konnten, so haben wir mit dieser Energie allerdings nur das Substrat, also den entsprechenden Stoff als Träger von Eigenschaften, gefunden, nicht jedoch das Inhaltliche. Um beim Beispiel des Computers zu bleiben: Wir haben den Trägerstoff für die Software gefunden, nicht aber die entsprechenden Programme, Einsatzanweisungen, Befehle und so weiter. Wenden wir uns also diesem Inhaltsbereich zu.

Macht und Symbolik der Worte

Die Macht der Worte ist hinlänglich bekannt. Worte können treffen und verletzen. Nicht selten hat sich ein Streit lediglich an Worten entzündet.
Worte haben also Macht. Haben sie auch Macht auf uns selbst, auf unseren Körper, eventuell sogar auf organische[10] Prozesse? Und wenn sie Macht auf unseren Körper haben, wie geschieht das, was ist dann der Mittler dieser Macht?
Ein gutes Beispiel für die Macht der Worte ist die Hypnose[11]. Hier können über Worte und Vorstellungsinhalte Verhaltensänderungen bewirkt werden, sogar Veränderungen im körperlichen Bereich: Wenn man jemanden hypnotisiert, ihm ein Geldstück in die Hand legt und ihm dabei sagt, daß es sich dabei um ein Stück glühende Kohle handelt, so wird sich an dieser Stelle eine Brandblase bilden.
Sollte es eventuell möglich sein, daß Worte mittels Auslösung elektromagnetischer Energie auf den Menschen und dessen Körper einwirken können?

In jenen Tagen kam eine junge Patientin zu mir. Nach einer Operation wegen Unterleibskrebs hatte sie jetzt eine große Tochtergeschwulst am Hals bekommen, die auf bisherige therapeutische Maßnahmen nicht angesprochen hatte. Da sie nicht aus Hamburg kam, wohnte sie bei Freunden in der Nähe der Praxis. Im Verlauf der nun folgenden Behandlung begann sie merkwürdigerweise jeden Freitag übertrieben darzustellen, daß sie unbedingt nach Hause – ihren Heimatort – müsse und am Montag zur weiteren Behandlung wiederkäme. Sie stand hierbei offensichtlich unter einem inneren Zwang.

In einem Gespräch ging ich dem Ganzen nach, und wir stießen auf ein Ereignis im Zusammenhang mit ihrer Krebskrankheit: Nach der Erstuntersuchung hatte ihr der Chefarzt an einem Freitag die Diagnose eröffnet: Krebs! Diese Eröffnung traf sie wie ein Keulenschlag, und sie stand völlig unter Schock. Die darauffolgenden Worte des Chefarztes wurden wie Hypnosebefehle aufgenommen: "Wir haben heute Freitag, sie gehen jetzt erst einmal nach Hause und kommen am Montag zur weiteren Behandlung wieder." Dieser Hypnosesatz war seither jeden Freitag aktiv geworden, wie mir die Patientin bei unserem Gespräch bestätigte. Nachdem wir das Grundereignis gefunden hatten, verschwand der Zwang, freitags nach Hause fahren zu müssen. Durch das Erzählen des Ereignisses hatte sich offensichtlich das primäre Schockerlebnis bei der Mitteilung der Diagnose Krebs soweit entladen, daß die Worte ihre Macht verloren hatten.

Doch ich sollte bei dieser jungen Dame ein noch wesentlich eindrucksvolleres Beispiel dafür bekommen, wie Worte, Energie und Körper zusammenhängen.

Mir fiel bei unseren Gesprächen auf, bei denen es nicht selten um sehr tiefgreifende Dinge ging, wie zum Beispiel die Todesängste der Patientin, daß sie ein bestimmtes Wort nicht sagen konnte, es vermied, beziehungsweise es mit

anderen Worten umschrieb. Irgendwie drängte es mich, die Patientin einmal dieses Wort sagen zu lassen. Zunächst weigerte sie sich ziemlich energisch, doch schließlich war sie bereit, dieses Wort einmal auszusprechen.
Was dann beim einmaligen Aussprechen dieses einzigen Wortes geschah, war erschreckend: Die Patientin wurde weiß im Gesicht, sie begann tief zu atmen und drohte ohnmächtig zu werden. Es gelang mir gerade noch, sie zur Patientenliege zu führen. Dort verfiel sie in einen tiefen Schlaf. Das Ganze war in deutlich weniger als einer Minute abgelaufen. Ich war überrascht. Mit Mühe gelang es mir, die innere Ruhe zu bewahren.
Nach einer halben Stunde kam die Patientin wieder zu sich. Wir sprachen über das, was geschehen war. Sie schien nicht minder überrascht zu sein, was das Aussprechen eines einzigen Wortes bewirkt hatte. Ich ließ sie dieses Wort erneut aussprechen. Diesmal wurde sie nur ein wenig blaß und zitterte fröstelnd. Nachdem sie das Wort weitere drei- bis viermal ausgesprochen hatte, zeigte ihr Körper keinerlei Reaktionen mehr auf dieses Wort.
Jetzt hatte ich einen eindeutigen Hinweis dafür, welch eine Energie, welch eine Kraft mit einem einzigen Wort verbunden sein kann, und daß ein mit dieser Energie verbundenes Wort enorme, sogar körperliche Prozesse auslösen konnte. Der Schock scheint einer jener Augenblicke zu sein, in denen Worte sich so tief in das Unterbewußtsein einbrennen, daß sie Macht über Mensch und Körper erlangen. Dies ist vergleichbar mit Hypnosebefehlen.
Anfügen möchte ich allerdings, daß ich nie wieder eine derart heftige körperliche Reaktion auf das Aussprechen eines Wortes erlebt habe.
Wenn wir uns den Wortschatz gerade im Bereich der Medizin vergegenwärtigen, entdecken wir eine unglaubliche Vielfalt von Redewedungen, die nicht nur einen wörtlichen, sondern auch einen übertragenen Sinn haben.

Nehmen wir als Beispiel den Magen. In den Magen gelangt etwas, wenn wir etwas hinunterschlucken, und in der Regel sind dies Speisen und Getränke. Es scheint aber auch in übertragenem Sinne zu gelten, denn häufig schlucken wir nicht nur Lebensmittel hinunter, sondern auch noch andere Dinge: nämlich Ärger, Aufregung, Kummer, Sorgen und Nöte. Die schlagen uns dann auf den Magen, liegen dort wie Blei und drücken.

Nehmen wir als nächstes das Herz: "Es geht mir ans Herz" – "Es bricht ihm das Herz" – solche und ähnliche Redewendungen hören wir oft.

In diesem Zusammenhang kann ich ein Beispiel aus meinem eigenen Leben anfügen: Ich kam eines Abends recht müde aus der Praxis nach Hause. Meine Mutter war zu Besuch. Sie bat mich um einen Gefallen, den ich ihr gerne abgeschlagen hätte, da mir die Erfüllung ihrer Bitte zu diesem Zeitpunkt einfach zuviel war. Dies dachte ich allerdings nur, denn ich wollte meine Mutter nicht enttäuschen. Da ich somit meine wahren Gedanken also nicht ausdrükken wollte, habe ich sie unterdrückt.

Das aber ging mir offensichtlich ans Herz. Die Folge: Ich bekam auf der Stelle massive Herzrhythmusstörungen (es wurde mir zu viel), wie ich selbst durch Pulsfühlen feststellen konnte. Ich mußte mich hinlegen und wurde fast ohnmächtig. Als mir der gesamte Zusammenhang zum Bewußtsein kam und ich es meiner Frau gegenüber ausdrücken konnte, verschwanden die Herzrhythmusstörungen sofort.

Die Reihe der symbolischen und wörtlich zu verstehenden Redewendungen im Zusammenhang mit körperlichen Organen können wir beliebig fortsetzen: "Es geht mir an die Nieren." – "Es drückt mir den Hals zu." – "Es schnürt mir die Luft ab." – "Hartnäckig".

Wir finden regelrecht eine "leib"-hafte Sprache, um seelische Zusammenhänge auszudrücken. Aus alledem ergibt sich die große Bedeutung der Sprache und der Worte als

Hinweise auf die dahinterstehenden Gedanken- und Vorstellungsinhalte.
Seitdem mir diese Zusammenhänge bekannt sind, habe ich angefangen, genau hinzuhören und das, was die Patienten mir erzählen, sowohl wörtlich als auch im übertragenen Sinne zu sehen.
Worte und Sätze sind Ausdruck von Gedanken, Vorstellungen und Empfindungen. Sind diese Gedanken, Vorstellungen und Empfindungen infolge irgendeines Ereignisses, wie zum Beispiel auf Grund eines Schocks, tiefer in unserem Unterbewußtsein verankert, so scheinen sie sich mit Energie aufzuladen und Einfluß zu gewinnen. Sie scheinen dann Macht über unsere Verhaltensweisen sowie auch über körperliche Prozesse zu besitzen, sie sind diesen also übergeordnet.
Zur Erklärung bietet sich das Autogene Training[12] an. Hierbei verstärke ich mittels eines Satzes – zum Beispiel: "Mein rechter Arm wird ganz warm" – ein inneres Vorstellungsbild, bis es schließlich die entsprechenden körperlichen Prozesse bewirkt und der rechte Arm sich tatsächlich erwärmt.
Umgekehrt läßt sich ein stark aufgeladenes Vorstellungsbild durch das Aussprechen entladen, so daß dieses Wort beziehungsweise der Satz keine Gewalt mehr über körperliche Prozesse hat. "Dampf ablassen" beziehungsweise sich Dinge "von der Seele reden", das sind ganz gebräuchliche Redewendungen. Bei einem Patienten, der mit starken Herzschmerzen in mein Sprechzimmer kam, konnte ich erstmals erfahren, wie schnell eine Schmerzbehandlung gehen kann.
Ich ließ diesen Patienten einfach den Satz "Mein Herz tut mir weh" mehrmals hintereinander aussprechen. Zu seiner – und meiner – Verblüffung verschwanden die Herzschmerzen nach etwa zehnmaligem Aussprechen. Er sagte mir, genau so sei es immer nach der Einnahme eines Herzmedikaments, nämlich Nitroglycerin, gewesen.

Nachdem ich bei vielen weiteren Gesprächen immer wieder feststellen konnte, welche Macht den Worten innewohnen kann, wie durch das Aussprechen von Worten und Sätzen körperliche Symptome auftreten und verschwinden können, ja wie sogar ein organisch faßbarer Untersuchungsbefund nach gezielter Aussprache verschwinden kann, war es an der Zeit, meine Vorstellungen über den Aufbau des Menschen und das Zusammenspiel der einzelnen Kräfte neu zu gestalten.

Der Mensch ist nicht nur Körper

Seit Urzeiten sprechen wir davon, daß der Mensch aus Leib, Seele und Geist besteht, zumindest erzählen uns das die Philosophen, und bisher konnte ihnen in dieser Hinsicht noch keiner ernsthaft widersprechen. Aber was bedeutet diese "Dreifaltigkeit" eigentlich, was können wir wirklich mit ihr anfangen?
Aus den bisher beschriebenen Beobachtungen scheint sich zu ergeben, daß die im Menschen ablaufenden Vorgänge sich auf verschiedenen Ebenen abspielen, die zusammenhängen und aufeinander einwirken.

Die Ebene des materiellen Körpers

Die in der Rangfolge von Körper, Geist und Seele unterste Ebene ist der materielle Körper. Auf dieser Ebene finden wir chemische und auch elektrische Vorgänge. Die höchste Steuerungsebene im körperlichen Bereich sind die Gene[13], die aneinandergereiht die Chromosomen[14] bilden. Die Chromosomen sind Träger der gesamten Erbanlagen. Sie bestehen beim Menschen hauptsächlich aus der Desoxyribonukleinsäure, der sogenannten DNS[15]. Jeweils ein Teilstück davon, also ein Gen, die Erbeinheit der DNS, beinhaltet den Bauplan für einen der vielen Baustoffe, aus denen der Mensch besteht: Wasser, Eiweiß, Fette, Kohlehydrate und so weiter. Das Zusammenspiel der Gene bewirkt die Zellen- und Organbildung bis hin zum "Endprodukt", dem menschlichen Körper.

Im Zellkern ist somit das Gesamtprogramm für den Aufbau des menschlichen Körpers mit all seinen Organen, Zellen, Blutgefäßen und so weiter einprogrammiert. Der materielle Körper ist der Bereich, in dem der Mediziner arbeitet, und zwar in erster Linie mit chemischen und mechanischen Methoden wie Medikamenten, Operationen und dergleichen.

Der Energiebereich

Auf der nächsten Ebene der hierarchischen Ordnung finden wir den Bereich der Energie. Diese Energie scheint vom Substrat her elektromagnetische Energie zu sein. Unabhängig davon, ob man die bislang hierfür vorliegenden Hinweise – zum Beispiel die Elektro-Akupunktur – akzeptiert, ergibt sich hieraus eine Modellvorstellung für alle vorliegenden psychischen und psychosomatischen Phänomene. Diese Modellvorstellung entspricht dem bereits erwähnten Vergleich mit dem Computer: Der Körper ist praktisch die Hardware einschließlich des Bildschirms, auf dem der entsprechende Ausdruck erscheint, während der Energiebereich den Bereich der Software darstellt. Auch beim Computer nimmt die Software den gleichen Raum ein wie die Hardware, ohne daß sie sich gegenseitig stören würden, da elektromagnetische Energie körperlich-organische Struktur mühelos durchdringen kann.

Ich stelle mir diesen Bereich genau strukturiert vor, und zwar parallel und analog zum Aufbau unseres materiellen

Körpers. Die gesamten körperlichen Programme scheinen somit ihre Entsprechung im energetischen Bereich mit einer gleichermaßen ausgebildeten horizontalen und vertikalen Gliederung zu haben. Wie die Software beim Computerbeispiel, so ist auch beim Menschen der Energiebereich dem körperlichen Bereich hierarchisch übergeordnet und übernimmt somit dessen Steuerung.

Wird ein Programm im Energiebereich in irgendeinem Körperabschnitt, einem Organ oder einer Zelle geändert, so wird diese Information auf Grund der Geschwindigkeit der elektromagnetischen Energie mit Lichtgeschwindigkeit im gesamten Körper weitergegeben. Es geschieht damit wesentlich schneller als auf der körperlichen Ebene, wo die Geschwindigkeit der Informationsübertragung durch die chemischen beziehungsweise elektrischen Prozesse begrenzt ist. Durch Versuche mit den zwei durch Quarzglas getrennten Kulturen haben drei russische Wissenschaftler in mehr als 5000 Experimenten bewiesen, daß lebende Zellen durch Photonen[16] – in diesem Experiment durch Licht im ultravioletten Bereich – biologische Informationen weitergeben.

Ob dies auch für den Menschen so gilt, ist bislang nicht bewiesen. Allerdings gibt es wissenschaftliche Hinweise dafür, daß lebendige Organismen Licht über größere Distanzen durch das Zellgewebe hindurchleiten können (weitere Einzelheiten dazu im Anhang).

Der Inhaltsbereich (Programminhalte)

Rangfolgemäßig höher, aber mit der Energie aufs engste verknüpft, ist der Inhalt des Energiebereiches, analog dem Software-Programm im Computer. Hier finden sich Worte und Gedanken beziehungsweise deren Inhalt, also das, was mit den Worten gemeint ist, so auch Befehle, Vorstellungen

und Emotionen. Aufgrund dieser Tatsache können wir jetzt die Wirkung der Hypnose und des Autogenen Trainings – gleichsam eine Therapie der Worte und Vorstellungen – verstehen. Wir können auch verstehen, was passiert, wenn ein Wort, ein Gedanke, eine Vorstellung "stark aufgeladen" ist. Die elektromagnetische Energie ist somit das Substrat und der Informationsträger für die verschiedenen Programme, seien sie nun rein psychisch oder psychosomatisch. Mit dem Energiebereich hätten wir auch das fehlende Bindeglied in der Medizin gefunden, das Psyche und Soma (Körper) wieder miteinander verknüpft. Damit würde die noch von vielen Medizinern belächelte psychosomatische Medizin auf naturwissenschaftliche Füße gestellt und könnte exakt untersucht werden.
Als mir die Gedanken zu dem soeben vorgestellten Schema durch den Kopf gingen, kam mir plötzlich die Bedeutung des Anfangs des Johannes-Evangeliums aus dem Neuen Testament klar zu Bewußtsein. Dort steht: "Am Anfang war der Logos [logos = Wort beziehungsweise Geist]." Und später lesen wir: "Und das Wort ist Fleisch geworden". Vielleicht dämmert jetzt doch manchem Naturwissenschaftler, was in diesem scheinbar nur religiösen Werk steht. Diese Stelle darf nicht nur auf den mystischen Aspekt beschränkt werden, denn sie scheint offensichtlich der Realität zu entsprechen!
Wenn wir uns noch einmal die oben angeführten hierarchischen Ebenen Körper, Energie und Wort beziehungsweise Gedanke vergegenwärtigen, so stellt sich als nächstes die Frage, wie die einzelnen Ebenen miteinander verknüpft sind. Da ich vermute, daß die Darstellung weiterer physikalischer Einzelheiten manchen Leser eher verschreckt, andere dagegen sehr interessiert, habe ich diese Zusammenhänge in einem ausführlichen Kapitel im Anhang beschrieben. Mit unseren drei hierarchischen Ebenen bekommen wir also eine neue Vorstellung vom äußeren und inneren

Aufbau des Menschen. Zu unserer Überraschung stellt der Computer immer wieder das beste Erklärungsbeispiel dar. Das mag zunächst ein bißchen erschrecken, da Computer auch das Sinnbild für Maschine und Roboter, also Nicht-Menschliches sind. Doch wir können ganz beruhigt sein, denn – um beim Beispiel Computer zu bleiben – es fehlt doch bei unserer neuen Vorstellung vom Aufbau des Menschen noch etwas ganz Wesentliches: Neben Hardware und Software fehlt uns noch der Programmierer. Beim Menschen scheint dies schlicht und einfach das Ich zu sein.

Das Wesen des Menschen

Das Wesen, das "Ich" des Menschen ist nicht identisch mit seinem Körper, auch nicht mit seinem Gehirn. Wir können uns hier auf eine sehr berufene Quelle beziehen: Die Forschungsarbeiten des Nobelpreisträgers John Eccles haben ergeben, daß das Bewußtsein grundsätzlich als vom Gehirn unabhängig, als etwas von ihm getrennt Bestehendes angesehen werden muß, daß das Bewußtsein mit dem Gehirn wohl aber in Wechselbeziehung steht. Somit ist das Gehirn mit seiner Kapazität ein Werkzeug des Körpers, das zugleich Kontaktinstanz für etwas von ihm Unabhängiges ist. Das Gehirn ist eben nicht der Programmierer, also nicht die Software, sondern es gehört zur Hardware.
Was aber ist nun das "Ich"? Mit unseren physikalischen Meßmethoden scheint es nicht faßbar, es besitzt somit keine Quantität. Es hat aber offensichtlich Qualitäten. Etliche Qualitäten des Ich sind uns bekannt: Da ist zum Beispiel der Wille, etwas zu tun oder es auch zu lassen. Und da ist nicht zuletzt der Impuls und die Fähigkeit zu denken, die Fähigkeit von Phantasie und Vorstellung. Dies alles aber sind Qualitäten und nicht Quantitäten.

Insgesamt scheint dieses Ich dem geistigen, dem spirituellen Wesen, demnach der eigentlichen Persönlichkeit des Menschen zu entsprechen. Als geistiges Wesen hat es natürlich keine materiellen Eigenschaften, kann aber auf materielle Dinge Einfluß nehmen. Wenn wir auf unser Computerbeispiel zurückkommen, dann scheint es, daß das Ich alle Eigenschaften eines Programmierers hat.

Wie komme ich nun diesem Phänomen in der Praxis näher? Wenn man die Menschen fragt, wohin sie spontan ihr Ich in Bezug auf ihren Körper projizieren[17] würden, so weist die Mehrzahl auf den Kopf, und zwar auf den Stirnbereich hinter der Nasenwurzel zwischen den Augen. Eine kleinere Zahl weist auf den Brust- oder Bauchbereich.

Läßt man eine Person eine Konzentrationsübung[18] machen und sich vollständig auf sein Ich konzentrieren, das sich auf den Stirnbereich zwischen den Augen und hinter der Nasenwurzel projiziert, und fordert anschließend dieses Ich auf, aus dem Körper herauszutreten, so erlebt die Testperson bewußt diesen Vorgang. Dieser Versuch ist bei mehr als der Hälfte der Menschen direkt und ohne Anstrengung wiederholbar. Diese Personen empfinden das Phänomen des Aus-dem-Körper-Herausgehens. Mit diesem Erleben verbunden ist das Gefühl der vollständigen Schwerelosigkeit, der Raumlosigkeit und der Zeitlosigkeit. Der Mensch sieht dann seinen physikalischen Körper unter oder neben sich, und er ist sich in diesem Moment durchaus bewußt, daß er nicht identisch mit seinem Körper ist.

Dieser Vorgang ist nur für wenige erschreckend; für die meisten ist es vielmehr ein wunderbarer Augenblick, da sie zugleich das Gefühl der Schwerelosigkeit erfahren, und das nicht nur im körperlichen, sondern auch im übertragenen Sinne. Denn der Mensch nimmt dann seine Sorgen, seine Probleme, seine eventuellen Krankheiten, kurz, sein ganzes Leben nicht mehr schwer. Sein Bewußtsein bekommt einen weiteren Horizont, in denen andere Prioritäten gelten.

Ich selbst habe diesen Zustand erstmalig 1983 in einer Phase des Dämmerschlafes erlebt, als ich mich mehrere hundert Meter über unserem Haus schwebend befand und meinen Körper unten im Bett gesehen habe. Dieses Erlebnis könnte man leicht mit einem Traumerlebnis verwechseln. Da ich ähnliche Erscheinungen später willentlich bei mir herbeiführen konnte, weiß ich, daß es sich nicht um ein Traumerlebnis handelt. Diskutieren läßt sich hierüber leider nicht, da dieser Vorgang für unser menschliches Auge nicht sichtbar ist. Wer etwas Ähnliches erlebt hat, der weiß einfach, daß sich dieser Vorgang vollzogen hat.
Was ist nun aber der Nutzen eines solchen Phänomens?
Bei einem derartigen Erlebnis wird uns sofort bewußt, daß wir eigentlich geistige Wesen sind, die ursächlich über materiellen Ereignissen, bedrängenden Situationen und Krankheiten stehen. Dies gibt ein Gefühl der Erleichterung und hat manchem in scheinbar auswegloser Situation Mut und Hoffnung gemacht, daß sich diese Situation auch wieder bessern kann.
Im Zusammenhang mit diesen Konzentrationsübungen erleben wir nun ein erstaunliches Phänomen, nämlich die Fähigkeit unseres Ich, "geistig sehen" zu können.
Was bedeutet das? Mit unseren Augen sehen wir materielle Strukturen, wie zum Beispiel einen Tisch, ein Fenster, unseren Körper, ein Bein oder einen Arm. Ein vollkonzentriertes Ich – Konzentration ist am leichtesten bei geschlossenen Augen zu erreichen – besitzt die Fähigkeit, "geistig zu sehen", das heißt, es nutzt den oben beschriebenen Energiebereich, nämlich die elektromagnetische Strahlung. Diese Strahlung wird als Farbe wahrgenommen, die als Teil des Lichts elektromagnetischen Schwingungen entspricht. Als mir dieses bei Gesprächen mit Patienten klar wurde und dann auf Befragen regelmäßig von diesen berichtet wurde, war ich doch sehr verblüfft. Dabei ist der Vorgang relativ einfach: Der Patient konzentriert sich zunächst auf sein Ich.

Vom Ich aus "schaut" der Patient auf einen bestimmten Körperbereich, zum Beispiel den Rücken. Wie gewohnt wird er vor seinem geistigen Auge zunächst ein Bild der körperlichen Strukturen erkennen. Bei weiterer Konzentration beginnt er, den Energiebereich zu sehen und die entsprechenden elektromagnetischen Wellen als Farbe zu empfinden. Bei Schmerzen sieht und empfindet er zumeist Rottöne.

Jetzt verstand ich viele Redewendungen, wie zum Beispiel: "Ich sehe rot." — "Ich sehe schwarz." —"Mir wird schwarz vor Augen." — "Grün vor Ärger" — "Jemandem nicht grün sein"... Die Sprache selbst weiß eben doch alles am besten auszudrücken!

Doch es geht noch weiter. Mit seinem geistigen Auge nimmt der Patient zum Beispiel im Rückenbereich nicht nur die entsprechende Energie wahr, sondern auch die mit dieser Energie verbundenen Gedankeninhalte. Eine Demonstration dieses Phänomens ist bei fast jedem Menschen sehr schnell, das heißt innerhalb weniger Minuten, möglich. Daß es sich hierbei nicht um wilde Phantasien handelt, belegt die Tatsache, daß körperliche Phänomene wie Rückenschmerzen augenblicklich verschwinden, wenn die mit der Energie verbundenen Gedankeninhalte erkannt und ausgesprochen — ausgedrückt — werden.

Ich möchte an dieser Stelle wieder ein Beispiel erzählen: Eine meiner Arzthelferinnen litt unter ziemlich starken Rückenschmerzen. Diese Rückenschmerzen nahmen trotz Konsultation mehrerer Fachärzte einschließlich medizinischer Behandlung zu. Ich ließ sie nach einer Konzentrationsübung bei geschlossenen Augen mit ihrem geistigen Auge auf den entsprechenden Energiebereich schauen. Ich ließ sie die sich dort befindliche Energie erkennen und die damit verbundenen Gedankeninhalte. Es handelte sich in diesem Fall um Überlastung in ihrem Arbeitsbereich, die sie sich unbewußt hatte auferlegen lassen. Das Ganze dauerte etwa zwanzig Minuten. Die zu Beginn des Gesprächs starken Rückenschmerzen verschwanden sofort und sind bis heute, das heißt drei Jahre danach, nicht wieder aufgetreten. Ich konnte somit nachweisen, daß das Ich des Menschen dem Energiebereich übergeordnet ist und auf dieser Ebene auf Vorstellungen und Worte Einfluß nehmen kann und natürlich ebenso auf die damit verbundenen körperlichen Phänomene und Symptome.

Abschließend ein Erklärungsmodell für die bisherigen Fakten: Das Ich des Menschen hat mittels Worten und Vorstellungen beziehungsweise deren Inhalten einen Zugriff auf den Energiebereich. In Anlehnung an das Computermodell können wir diesen Bereich als Software (Gedanken, Vorstellungen, Worte) bezeichnen. Der Energiebereich wiederum hat einen Zugriff auf das gesamte Nervensystem – gemeint sind hier das zentrale und das periphere Nervensystem. Das so beeinflußte System, also das Gehirn und die Nervenfasern, sendet die Impulse[19] über das Rückenmark zu den entsprechenden Organen, den Drüsen, dem Bewegungsapparat und so weiter. Schließlich wird der vom Ich ausgegangene Impuls nach zahlreichen Umwandlungen zum "Erfolgsorgan", der Körperzelle, weitergeleitet und regt hier organisch-chemische Prozesse an.

Wenn ich diesem Modell folge, so kann ich verstehen, wie ein vom Ich ausgehender Impuls schließlich in der Körperzelle landet, wie auch ein vom Körper ausgehender Impuls – zum Beispiel ein Schlag auf das Knie – bis zum Ich durchlaufen kann. Wir können verstehen, wie einerseits das Geistige, die Worte, Gedanken, Vorstellungen den Körper beeinflussen können, aber auch der Körper Einfluß auf den geistigen Bereich nehmen kann.

Mit diesem Wissen können wir jetzt an psychische und psychosomatische Vorgänge herangehen und ihr Entstehen begreifen. Das Beispiel des Computers (Programmierer – Software – Hardware) hilft uns bei diesem Vorgehen.

Ein Programm entsteht

Wenn wir den Aufbau des Menschen mit dem eines Computers vergleichen, wobei das geistige Wesen des Menschen den Programmierer darstellt und die übrigen Ebenen der Software beziehungsweise der Hardware entsprechen, so können wir den Vorgang beschreiben, wie ein Programm entsteht:

Den gedanklichen und damit ersten Impuls gibt das geistige Wesen des Menschen, das Ich; das Ich bekommt gleichsam eine Vor-Stellung von etwas. Dieser Vorgang läuft rein geistig, das heißt im Inneren eines Menschen ab. Die Vorstellung, die der Mensch zunächst auf der Gedankenebene bildet, besteht aus einer Absicht, einem Gedanken also, der mit einer Zielvorstellung verbunden ist. Um geistig von der Absicht zum Ziel zu kommen, bedarf es der geistigen Energie, also des Willens.

Den Gedankeninhalt drücken wir üblicherweise in Worten aus. Auch dieser Bereich ist noch ein rein geistiger, er gehört noch nicht in den materiellen Bereich.

Bevor wir aus diesem Bereich, also der Vorstellungs- und Gedankenwelt, in den äußeren, materiellen Bereich gelangen, bedarf es einer Entscheidung, dies auch zu wollen und zu tun. Damit kommen wir auf die Ebene des Tuns und des Handelns. Ich setze den Vorstellungs- und Gedankeninhalt in äußere Aktivität um. Wenn dieser Vorgang beendet ist und schließlich das zuvor geistig gesetzte Ziel auch in der äußeren Realität erreicht ist, so habe ich etwas Materielles, etwas Erkenn- und Meßbares fertiggestellt. Ich befinde mich jetzt in der Ebene des Habens.

Diesen Vorgang möchte ich der Anschaulichkeit halber noch einmal an einem praktischen Beispiel darstellen: Ich möchte ein Haus bauen.

Bei diesem Beispiel bekommen wir zunächst die Vorstellung von unserer Absicht, nämlich ein Haus bauen zu wollen, sowie die Vorstellung von dem Ziel, nämlich dem Haus. Dies läuft auf der geistigen, der gedanklichen Ebene ab. Von der Absicht zum Ziel trägt uns ein weiteres geistiges Element, nämlich der Wille.

Wenn ich diese innere Vorstellung nach außen tragen will, so kann ich mich des Aus-Drucks, das heißt der Sprache, bedienen und jedem mein Vorstellungsbild erläutern. Üblicherweise werde ich dies mit einem Architekten besprechen, der dann die entsprechenden Pläne erstellt.

Durch diesen Vorgang allein entsteht aber natürlich noch kein reales Haus. Soll das geschehen, so muß zunächst eine Entscheidung fallen, ob ich mein geistiges Bild in die Tat umsetzen möchte. Ist diese Entscheidung gefallen, so bleibt meine Absicht, nämlich ein Haus bauen zu wollen, die gleiche, da Absicht ein rein geistiger Vorgang und materiell nicht darstellbar ist. Das Ziel ändert sich allerdings: Aus dem Vorstellungsbild in meinem Inneren, in meiner Gedankenwelt, wird etwas Materielles, in diesem Fall ein Haus aus Mörtel und Ziegelsteinen.

Zum Erreichen dieses sichtbaren Ziels reicht nun nicht mehr allein der geistige Wille, es muß auch die körperliche Energie dazukommen. Der Vorgang läuft nun weiter in der Ebene des Tuns und der Handlung ab.

Wenn auch dieser Vorgang erfolgreich abgeschlossen ist, so komme ich schließlich auf die nächste Ebene, die Ebene des Habens: Mein Haus.

Bevor etwas also überhaupt entstehen kann, muß es zunächst gedacht und gewollt sein.

Daß alle materiellen Dinge, wie zum Beispiel ein Tisch, ein Stuhl oder ein Farbfernseher, auf die eben beschriebene Weise entstanden sein müssen, das kann wohl jeder ohne inneren Widerstand akzeptieren.

Wir werden an dieser Stelle an die Aussagen von Descartes erinnert, dem berühmten französischen Philosophen des 17. Jahrhunderts, und sein "Cogito, ergo sum – ich denke,

also bin ich". Diese Folgerung ist sicher richtig, denn selbständig zu denken vermag nur ein Ich, ein geistiges Wesen. Als ursächliche Beziehung müßte es allerdings heißen: "Ich bin, und als Ich habe ich die Fähigkeit zu denken."
Doch genug der Philosophie und zurück zur Praxis. Alles Geistige und alles Materielle beginnt beim Ich und seiner Fähigkeit zu denken, Vorstellungen zu bilden, eine Absicht zu verfolgen und Dinge erreichen zu wollen.
Gleiches gilt auch für die Verhaltensebene des Menschen: Jede Aktion, jedes Tun oder Handeln muß zuvor von einem Ich gedacht worden sein. Ich denke, auch hierbei dürften wir keine Verständnisschwierigkeiten haben.
Wie ist es jedoch bei den Dingen in der Natur: bei einem Baum, einem Fluß, der Erde, dem Sonnensystem. Nach unserem Schema müßte auch dieses von einem Ich zunächst gedacht und dann umgesetzt worden sein. Wer aber ist oder war dieses Ich?
Ich möchte einen weiteren Punkt anschneiden, bei dem jetzt sicherlich bei vielen ein erheblicher innerer Widerstand entsteht: Wenn Dinge nach unserem wohlbekannten Modell (Programmierer — Software — Hardware) ablaufen, so muß die Frage erlaubt sein, ob nicht auch die Krankheit, das heißt das faßbare organische Substrat — wie zum Beispiel das Magengeschwür und so weiter — im menschlichen Körper nach diesem Schema entstanden ist und somit vom Ich selbst produziert wurde. Sollte dies zutreffen, so gilt dies für alle (!) Krankheiten.
An dieser Stelle höre ich den allgemeinen Schrei der Entrüstung, denn wer sollte so blöd sein, sich seine eigenen Krankheiten auszudenken? Doch Vorsicht: Im Rahmen der psychosomatischen Medizin sind wir schon so manchem auf die Spur gekommen, man denke nur an die Rentenneurose[20] und den eingebildeten Kranken, der notfalls auch bereit ist zu sterben, wenn man seine Krankheit nicht ernst nimmt.

Schauen wir uns an, was der Schweizer Psychiater Beck in seinem Buch "Krankheit als Selbstheilung" schreibt:
"Es ist für die Medizin ein ungewöhnlicher Gedanke, Krankheiten als kreative Leistungen [des Ich, der Verf.] wie Kunstwerke anzusehen oder gar zu würdigen. Das Ich des Patienten wird vielmehr als Opfer seines ich-fernen Körperleidens betrachtet und nicht als ein engagierter Mitgestalter dieses Werkes [. . .] Es sind viele psychosomatische Untersuchungen gemacht worden, die den Einfluß von psychischen Faktoren auf körperliche Krankheiten belegen, etwa beim Magengeschwür [. . .] Aber man ging fast immer stillschweigend von der Voraussetzung aus, daß das Leiden an sich ein schädliches und für das Ich des Patienten feindliches Prinzip sei. Wenn sich die These, [. . .] Krankheit sei manchmal ein seelischer Selbstheilungsversuch, als stichhaltig erweist, dann hat dies für die Einstellung von Arzt und Patient zu der Krankheit Konsequenzen [. . .] Die Annahme von reparativen Tendenzen im Patienten ist für viele Ärzte zunächst kränkend, weil sie das Gefühl von therapeutischer Allmacht einschränken. Man sollte zwar annehmen, daß der Arzt über die unterstützende Wirkung der Selbstheilungstendenzen im Patienten froh wäre. Dem ist aber nicht so."
Die Behauptung, daß Krankheit durchaus etwas mit uns selbst zu tun hat, sollte nicht mißverstanden werden. Es sollte nicht zu der Vorstellung führen, daß Krankheit eine Strafe sei oder daß dieser oder jener "ja selbst schuld" sei. Das schafft nur zusätzliche Belastung und führt uns nicht weiter. Wir sollten vielmehr die Möglichkeit, daß wir selbst etwas mit unserer Krankheit zu tun haben, als Chance sehen, aktiv an ihrer Heilung mitzuwirken. Denn wenn Krankheit unbewußt vom Ich produziert wurde, dann spielt dieses Ich auch eine zentrale Rolle dabei, die Ursachen wieder aufzulösen.
Um das oben Gesagte zu überprüfen, habe ich bei einer ganzen Reihe von Patienten sozusagen die Dinge von hinten aufgerollt, um von der Ebene des Habens bis zum Ich zu

kommen, und dabei die entsprechenden Programme aufgedeckt. Bei vielen Erkrankungen konnte ich nachweisen, daß diese vom Ich des entsprechenden Menschen selbst ausgelöst worden waren. Relativ leicht war es bei einer ganzen Serie von Verhaltensstörungen — die sich auf der Ebene des Tuns und Handelns abspielen, aber auch auf der Ebene der Entscheidung verankert sein können — wie zum Beispiel einer schweren Spielsucht, die den Betreffenden beinahe um sein ganzes Vermögen gebracht hätte.

Bei Schmerzen aller Art ging eine solche Diagnose ebenfalls schnell, und ähnlich leicht war es bei Schnupfen, Nasennebenhöhlenentzündungen, Magenbeschwerden und dem bereits erwähnten Nierenbluten. Bei all diesen Dingen konnte der Weg von der unteren Ebene, das heißt der Ebene des Habens beziehungsweise des Tuns, bis hin zum Ich verfolgt werden. Sobald dem Ich der gesamte Weg der Entstehung des entsprechenden Programmes mit seinen Auswirkungen bewußt und die entsprechend angestaute Energie entladen wurde, also über die Sprache ausgedrückt worden war, verschwanden das Symptom oder die körperliche Manifestation relativ rasch. Sigmund Freud hätte seine Freude daran gehabt. Je "organischer" die Erkrankung war, desto schwieriger wurde das ganze Unterfangen allerdings und umso höher stieg leider auch die Mißerfolgsquote.

Zumindest für den Bereich der Verhaltensstörungen und psychosomatischen Symptome beziehungsweise Erkrankungen konnte ich einen klaren Beweis für die Stimmigkeit des bisherigen Gedankenmodells erbringen.

Dennoch wird der Gedanke, daß Krankheiten — Virusinfektionen und ähnliches ausgenommen — in der Regel "hausgemacht" sein sollen, viele verdrießen und verärgern. Manchen wird dieser Gedanke vielleicht nur verwirren, indem er fragt: Wieso weiß ich dann von dem Ganzen nichts? Wieso bleibt es mir verborgen, dieser angebliche Zusammenhang zwischen dem Ich und den Auswirkungen

der vom Ich verursachten Programme? Ich möchte versuchen, dies zu erklären.
Wenn wir uns einmal genau beobachten, so bemerken wir sehr deutlich, daß wir viele Dinge tun, ohne zu überlegen, demnach instinktiv, reflexhaft, ohne daß uns der Grund dafür bewußt wird — kurz: Wir tun die Dinge impulsiv, also einem Impuls folgend.
Ein Teil unserer Verhaltensmuster wird somit durch Impulse bestimmt, die nicht der Kontrolle unseres Bewußtseins, unseres Ich unterliegen. Dieser Mechanismus scheint nicht nur für Verhaltensstörungen, sondern auch für psychosomatische Phänomene verantwortlich zu sein. Diese Phänomene oder Verhaltensstörungen verschwinden dann, wenn das Impulszentrum, das das entsprechende Programm aussendet, dem Ich bewußt geworden ist.
Wann und wie entstehen solche Programme, die uns später erheblich ärgern können und deren Urheberschaft uns nicht einmal bewußt ist? Sie entstehen im Augenblick höchster Anspannung, im Augenblick größter Erregung oder bei einem körperlichen oder seelischen Schock.
Nehmen wir ein weiteres Beispiel: Ein dreijähriger Junge hat ein Kindermädchen mit roten Haaren. Aus irgendeinem Grunde bezieht dieser dreijährige Junge eines Tages von diesem Kindermädchen unverdientermaßen fürchterliche Prügel. Der Junge gerät in einen Zustand höchster Erregung. Seine Gedanken verengen sich. Er faßt den Entschluß: Ich werde nie wieder Frauen mit roten Haaren mögen. Dieser Entschluß wird in seinem Gehirn mittels elektromagnetischer Energie verankert. Da das Bewußtsein eines dreijährigen Jungen noch nicht sehr ausgeprägt ist, ist dieser Beschluß bald vollständig aus dem Bewußtsein des Jungen verschwunden, er lagert sozusagen im Unterbewußtsein.
Zwanzig Jahre später lernt dieser Junge ein hübsches, rothaariges Mädchen kennen und verliebt sich in sie. Durch irgendeinen äußeren Anlaß wird das Programm "Ich werde

nie wieder rothaarige Frauen mögen" aktiv. Die Impulse, die dieses aktivierte Programm aussendet, kommen aus dem Unterbewußtsein. Es ist dem jungen Mann nicht bewußt, warum er auf einmal dieses rothaarige, hübsche Mädchen nicht mehr mag. Mit dem bewußten Verstand sucht er nach Erklärungen. Natürlich wird er ein paar Pseudo-Erklärungen finden. Diese Pseudo-Erklärungen geben ihm recht, sich von der jungen Dame zu trennen: Das Programm hat sich durchgesetzt und schlummert bis zur nächsten Gelegenheit im Untergrund.

Wie oft — so möchte ich Sie jetzt fragen — haben Sie schon etwas impulsiv getan oder gedacht, wofür Ihnen der Grund gar nicht bewußt war und was Sie dann für sich und andere irgendwie gerechtfertigt, später dann aber doch bereut haben?

Wenn die Impulse für Verhaltensmuster, wie zum Beispiel für das oben beschriebene Verhalten, aus dem Unterbewußtsein kommen, können dann nicht auch die Impulse für psychosomatische Vorgänge, eventuell sogar für körperlich faßbare Erkrankungen, aus dem Unterbewußtsein kommen? Nach allem bisher Geschilderten scheint es in der Tat so zu sein: Krankheiten sind selbstgemachte Programmierungsfehler.

Krankheiten sind Programmierungsfehler

Die meisten Menschen kommen glücklicherweise gesund zur Welt und bleiben das auch für einige Zeit. Wenn ich bei unserem Computer-Erklärungsmuster bleibe, so kann man davon ausgehen, daß die Software, also das grundlegende Potential des Menschen und sein Ich, bereits zum Zeitpunkt der Geburt hochentwickelt ist. Wird der Mensch krank, sei es in Form von psychischen oder psychosomatischen oder

eventuell in Form von körperlichen Erkrankungen, so muß eine Störung im Software-Bereich vorliegen, die entweder vom Ich direkt ausging oder ohne Wissen und Wille des Ich, also des Programmierers, durch ein einschneidendes Erlebnis eingebaut worden ist.
In unserem Beispiel "Ich werde nie wieder rothaarige Frauen mögen" hatte sich eine derartige Umprogrammierung vollzogen, die eine Verhaltensänderung bewirkt. Dies geschieht zunächst noch bewußt, später jedoch, wenn der Gedankeninhalt dieses Beschlusses aus dem Bewußtsein verschwindet, unbewußt und zwanghaft.
Wir haben hiermit eine Erklärung für viele Eigenarten und Zwänge: Der eine mag keine Katzen, der andere keine Kinos, dieser mag nicht in Fahrstühlen fahren, jener nicht in Flugzeuge steigen.
Für die Klärung der Ursachen psychosomatischer Fehlprogrammierungen nehmen wir die Hypnose zu Hilfe. Bei dieser Methode werden das Bewußtsein und der Wille des Menschen mehr oder weniger ausgeschaltet. Wenn ich jetzt diesem Menschen auf die Stirn tippe und ihm sage: "Immer wenn ich dir auf die Stirn tippe, tut dir der Magen weh", so wird sich dieser Vorstellungsinhalt mit diesen Worten ins Unterbewußtsein einprägen und kann jederzeit durch das Tippen an die Stirn aktiviert werden, und der Betreffende wird Magenschmerzen bekommen. Jeder von uns kennt ähnliche Beispiele. Bei einem meiner Freunde tritt jedesmal Augentränen auf, wenn er Erdnüsse ißt. Wieso wohl? Ein anderer bekommt Schweißausbrüche, wenn er mit seinem Auto in einem Tunnel fährt. Wieder ein anderer bekommt Magenschmerzen, wenn er morgens seinen Chef sieht oder einen Kreislaufkollaps, wenn die Freundin ihm sagt, daß sie ihn verlassen werde.
Allen psychischen und psychosomatischen – und körperlichen? – Phänomenen geht somit eine Änderung der Software voran, die entweder direkt vom Ich herbeigeführt

worden ist und sich dann im Unterbewußtsein verankert oder ohne Wissen und Wille des Ich eingebaut wurde. Die Gemeinsamkeit besteht darin, daß dieser Vorgang dem Ich nicht beziehungsweise nicht mehr bewußt ist. Durch einen äußeren Anlaß (rothaariges Mädchen, Fahrstuhl, Begegnung mit dem Chef und so weiter) kann das entsprechende Programm aktiv werden. Es hat dann Auswirkungen im Verhaltensbereich (Ebene des Denkens, des Sprechens, der Entscheidungen, des Tuns und des Handelns) oder des psychosomatischen Bereichs (Energieveränderungen in Projektion auf den Körper, also zum Beispiel Magenschmerzen).

Nun dürfen wir aber nicht glauben, daß jeder von uns nur ein oder zwei Falschprogrammierungen in sich trägt. Es dürfte sich vielmehr um Hunderte oder Tausende handeln, die darüber hinaus auf das Komplizierteste miteinander verzahnt sein können. Es können ganze Bereiche des Denkens und Verhaltens verändert beziehungsweise blockiert sein, so zum Beispiel durch das Programm: "Ich kann gar nichts mehr tun" oder "Ich weiß nichts mehr" oder "Darüber mag ich nicht sprechen".

Lassen Sie mich an einem Beispiel erzählen, wie verzwickt die Dinge liegen können:

Ein Freund kam eines Tages ratsuchend zu mir und berichtete, daß er krankhafter Spieler geworden sei und in seiner Spielsucht fast jeden Abend 1000 bis 5000 Mark verspiele. Der Versuch, sich selbst über den Verstand zu überlisten (Verstecken von Scheckkarte und Bargeld und so weiter) sei ebenso ohne Erfolg geblieben wie das Aufsuchen einer Selbsthilfegruppe. Wir setzten uns zu einem Gespräch zusammen. Ich ließ ihn mehrfach die Situation erzählen, wie es ihn zu einem Spielsalon hintrieb. Schließlich fanden wir einen immer wiederkehrenden zwanghaften Gedanken, nämlich "Ich muß wieder gewinnen".

Nun gut, dieser Gedanke schien im Zusammenhang mit

einer Spielsucht nicht ungewöhnlich. Ich fragte ihn, wen oder was er gewinnen müsse, und er antwortete zu seinem eigenen Erstaunen: "Das Mädchen an der Kasse." – Es war somit also gar nicht das Geld, dem er zwanghaft nachjagte, sondern dieses Mädchen an der Kasse.

Nun ist es durchaus normal, wenn ein Mann sich für ein junges, hübsches Mädchen interessiert, dennoch kam in diesem Fall selbst für den Patienten diese Antwort überraschend. Ich fragte daraufhin, an wen ihn dieses Mädchen erinnere. Sofort kam die Antwort, daß sie ihn an eine ehemalige Freundin erinnere.

Und nun kam endlich die ganze Geschichte heraus: Jahre zuvor war dieser Mann mit einer jungen Dame befreundet und sehr verliebt. Dann hatte er einen schweren Unfall, und während des langen Krankenhausaufenthaltes wandte sich diese junge Dame einem anderen Mann zu. In dieser Zeit tiefer Enttäuschung und schweren seelischen Leids brannte sich ein Gedanke in sein Hirn ein: "Ich muß sie wiedergewinnen." Bei einem eher zufälligen Besuch eines Spielkasinos löste jene junge Dame an der Kasse dieses Programm "Ich muß wiedergewinnen" aus, allerdings mit einer etwas geänderten Zielrichtung. So entstand seine Spielsucht.

Daß dieses aktivierte Programm tatsächlich Ursache der Spielsucht war, zeigte der weitere Verlauf. Mit dem Bewußtwerden der komplexen Zusammenhänge und Hintergründe verschwand die Spielsucht augenblicklich. Mein Freund hatte kein Bedürfnis mehr, ein Spielkasino aufzusuchen. Verhaltensstörungen sind also Programmierungsfehler.

Wenn ich beim Aufdecken von Falschprogrammen frage, wohin in Bezug auf seinen Körper er seine Gedanken und Vorstellungen projizieren würde, so gibt der Patient fast immer den Kopf- beziehungsweise Gehirnbereich an. Ganz anders ist das bei psychosomatischen Störungen. Hier lassen sich die Fehlprogrammierungen in eben jenem Körperbereich lokalisieren, der betroffen ist.

Ein Beispiel: Eine junge Tennisspielerin wachte am Tage eines wichtigen Punktspiels mit einem akuten Schiefhals auf. Der Kopf war nach links verdreht, die Muskeln stark angespannt und hart. Die Beweglichkeit war massiv herabgesetzt und jede Bewegung obendrein noch außerordentlich schmerzhaft. Durch Konzentration auf den Halsbereich konnte die Patientin bald mit ihrem geistigen Auge den Energiebereich sehen, die mit der Energieüberladung verbundenen Gedankeninhalte herausfinden und über Worte ausdrücken. Als ihr klar wurde, wodurch sie selbst diese ganzen Phänomene ausgelöst hatte, verschwanden sämtliche Schmerzen und die Funktionsstörung. Der Kopf war wieder frei beweglich. Das Ganze dauerte etwa 45 Minuten. Nebenbei bemerkt hat die Patientin das eine Stunde später stattfindende Punktspiel gewonnen, und sie erzählte mir am nächsten Tag, daß sie sich selten so entspannt (!) gefühlt habe.
Wenn wir uns zusammenfassend die Struktur der Programmierungsfehler anschauen, so finden wir einige wesentliche Merkmale:
Wir finden im Software-Bereich Gedankeninhalte, Vorstellungen, Worte, Beschlüsse und so weiter. Diese sind vom Ich bewußt aufgestellt und dann durch Vergessen unter die Bewußtseinsschwelle "gerutscht" oder im Rahmen einer starken inneren Anspannung, wie zum Beispiel eines körperlichen oder seelischen Schocks, direkt im Unterbewußtsein verankert worden. Sie können auch bei Ausschaltung von Bewußtsein und Wille des Ich durch andere Personen eingebaut werden.
Nehmen wir hier nur das Beispiel eines Vaters, der seinen Jungen fürchterlich verprügelt und ihn hierbei anschreit: "Du machst aber auch alles falsch!" Die Auswirkungen hiervon möge sich ein jeder selbst ausmalen.
Ein weiteres Merkmal der Programmierungsfehler ist, daß sie durch äußere Umstände oder Personen unbewußt für

das Ich aktiviert werden können. Die Programme übernehmen die Befehlsgewalt, treten also in der hierarchischen Ordnung an die Stelle des Ich. Je nach Inhalt und Struktur der Programmierungsfehler entstehen psychische und psychosomatische, eventuell auch körperliche Störungen.
Bevor ich auf die Möglichkeit der Abhilfe dieser Störungen, also die Möglichkeiten der Deprogrammierung eingehen werde, muß ich noch auf eine Qualität eingehen, die außerhalb des Rahmens unseres Computermodells liegt – die Emotion.

Energie und Emotion

Bei allem bisher Gesagten ist die Energie von wesentlicher Bedeutung. Energie bedeutet wörtlich übersetzt "die wirkende Kraft" und im physikalischen Sinne die Fähigkeit eines Stoffes, Körpers oder Systems, Arbeit zu verrichten.
Wir haben über Energie, Gedanken, Gedankeninhalte, über die Begriffe von Software und Hardware gesprochen.
Nicht die Rede war bisher von Emotionen, die eine große Rolle sowohl für den gesunden wie für den kranken Menschen spielen. Die Auseinandersetzung mit Emotionen spielt damit auch eine wichtige Rolle bei der Behandlung von körperlichen und geistigen Störungen.
Emotion ist ein Ausdruck, der aus dem Lateinischen kommt und "Bewegung, Erregung" bedeutet. Wir haben es also wiederum mit einem Energiebegriff zu tun und wollen uns diese Zusammenhänge näher anschauen.
Im Bereich der Emotionen gibt es eine ganze Stufenleiter vom positiven bis hin zum negativen Bereich. Ganz oben im positiven Bereich finden wir Emotionen wie Liebe, Glück, Begeisterung. Weniger stark positiv sind Zufriedenheit, Interesse, Wohlwollen. Neutral sind Emotionszustände wie

Langeweile, Gleichgültigkeit. In den negativen Bereich kommen wir mit Emotionen wie Widerstand, Widerwillen, Wut, Ärger, Zorn, Angst, Schmerz, Bedrückung, Resignation und Haß.
Mit Emotionen haben wir offensichtlich eine zusätzliche Qualität, die für den Gedanken- und Vorstellungsbereich eine wichtige Rolle spielen. Jeder Gedanke ist nämlich mit einer Emotion verbunden und erhält dadurch ein entsprechendes Energie-Niveau. Es ist vorstellbar, daß Gedanken, die sich hochenergetisch aufgeladen haben, eine andere Wirkung erzielen als Gedanken, die mit wenig Energie behaftet sind. So wird ein Plan, den ich mit Hingabe und Liebe auszuführen versuche, sicherlich mehr Erfolg erzielen als ein Vorhaben, dem ich gleichgültig gegenüberstehe.
Schauen wir uns mit dieser Kenntnis einmal den Weg eines Impulses an, der vom Ich ausgeht: Wir bekommen zunächst die Vorstellung von einem Vorhaben (Absicht, Wille, Ziel) und verfolgen dieses Vorhaben, diese Vorstellung, um ein bestimmtes Ziel zu erreichen. Wird dieses Ziel erreicht, so sind wir glücklich, bei nicht ganz optimalem Erreichen vielleicht noch zufrieden. Wird das Ziel nur bruchstückhaft erreicht, so werden wir schließlich dem Ziel gegenüber gleichgültig. Mißlingt unser Vorhaben ganz, wird also unsere Vorstellung mehr und mehr über den Haufen geworfen, so geraten wir kontinuierlich in den Bereich der negativen Energie beziehungsweise negativer Emotionen. Wir werden widerwillig, wütend, ärgerlich und sind bedrückt. Schließlich werden wir unser Vorhaben ganz aufgeben.
Geben wir jedoch nicht bewußt das ganze Vorhaben auf, sondern verdrängen es lediglich, so haben wir Gedankeninhalte gespeichert, die nun mit negativen Emotionen aufgeladen sind. Mit jeder bewußten und unbewußten Erinnerung an diese Gedankeninhalte kommen dann auch die entsprechenden Emotionen hoch, und wir geraten in denselben negativen Emotionszustand.

Denken wir an den Tod oder Verlust eines geliebten Menschen, so werden wir zu weinen anfangen, wenn diese Ereignisse nicht vollständig verarbeitet sind. Denken wir an einen unangenehmen Chef, so werden wir wütend und ärgerlich, wenn wir die entsprechenden Gedanken hochkommen lassen.
Für das Verstehen und die Behandlung der oben erwähnten Programmierungsfehler ist daher das Wissen um die mit den entsprechenden Gedankeninhalten verbundenen Emotionen von großer Bedeutung.
Ich möchte darauf nun genauer eingehen und kehre zurück zu dem Beispiel mit dem rothaarigen Kindermädchen, das einen kleinen Jungen unverdientermaßen bestraft und geschlagen hat. Der Junge hat den Entschluß gefaßt: "Ich werde nie wieder rothaarige Frauen mögen." Mit diesem Entschluß verbunden sind die Emotionen, unter denen dieser Beschluß zustande gekommen ist. Da war einerseits der Schmerz über die Ungerechtigkeit und schließlich auch das Gefühl der Ablehnung durch einen anderen Menschen. Gerät dieser Junge später in eine Situation, wo das Programm "Ich werde nie wieder rothaarige Frauen mögen" aktiv wird, so werden auch die mit diesem Gedanken verbundenen Emotionen wieder hochkommen: Vielleicht wird er erneut Schmerzen verspüren, dazu Wut und Bedrükkung. Da die Emotion und die damit verbundene Energie ganz wesentlich zur Verankerung des Gedankens "Ich werde nie wieder rothaarige Frauen mögen" beigetragen haben, so wird eine Änderung dieses Gedankeninhaltes nicht allein durch anderes Denken zu erzielen sein, wenn nicht gleichzeitig die gesamte Emotion und damit die Energie entladen wird. Diese Entladung findet statt durch gedankliches Wiedererleben der Situation, noch besser durch Aussprechen (Aus-Drücken). Häufig genügt ein einmaliges Wiedererzählen nicht, um die ganze Energie aus einem Ereignis zu entfernen. Deshalb muß das Ereignis so oft

wiedererzählt werden, bis der Betreffende es ruhig und gelassen betrachten kann und schließlich versteht, was da eigentlich abgelaufen ist. Dann hat auch der Beschluß "Ich werde nie wieder rothaarige Frauen mögen" seine gedankliche Grundlage, damit seine Wirkung als eigenständiges Impulszentrum verloren, und so löst er sich praktisch auf.
Wenn ich ein Wort, einen Satz oder eine ganze Geschichte aussprechen lasse, so kann ich rasch merken, ob diese aufgeladen sind. Voraussetzung ist allerdings, daß der Betreffende innere Reaktionen überhaupt zuläßt. Er kann dies durchaus vermeiden, indem er die Worte oder Sätze nur wie ein Schauspieler dahersagt. Dann geschieht natürlich gar nichts, es kommt allerdings nicht zu einer Entladung und damit auch nicht zur Entlastung der Person.
Läßt der Betreffende jedoch innere Reaktionen zu, dann können bei entsprechendem Thema Emotionen hochkommen oder auch körperliche Reaktionen auftreten. Der Gedanke an den Tod der Mutter wird die Augen mit Tränen füllen, der Gedanke an einen Mißerfolg zum Beispiel wütend machen. Sind Worte, Sätze oder Gedankeninhalte mit einer körperlichen Reaktion verknüpft, so wird bei ein- oder mehrmaligem Aussprechen der Betreffende uns die körperlichen Reaktionen nennen können. Er wird uns zum Beispiel sagen, daß ihm ganz schwindlig wird, daß sein Herz wehtut, oder daß er Druck im Kopf verspürt.
Sobald wir ein Wort, einen Satz, Gedankeninhalte oder ein Ereignis gefunden haben, das unter Ladung steht, werden wir den Patienten diese so lange aussprechen lassen, bis er dabei völlig ruhig und gelassen bleibt.
Nehmen wir als Beispiel die leidvolle Erfahrung eines Menschen, der sich irgendwann einmal schrecklich allein gelassen gefühlt hat. Der Gedanke wird sich in sein Unterbewußtsein einbrennen: "Letzten Endes ist man ja doch allein." Bei allen ähnlichen Ereignissen wird sich nun der Gedanke "Letzten Endes ist man ja doch allein" mit Energie aufladen.

Um diesen Satz zu entladen, bitte ich den Patienten, ihn mehrfach auszusprechen. Wenn bei dem Betreffenden der Gefühlsbereich nicht blockiert ist, so wird eine Reaktion wie zum Beispiel Weinen erfolgen, und es werden Bilder von ähnlichen Situationen auftauchen. Bei mehrmaligem Aussprechen koppeln nun auf elektromagnetischem Wege die übrigen mit diesem Gedanken verbundenen Erlebnisse. Die Energie entlädt sich, indem der Patient das Ganze zum Aus-Druck, zur Sprache, bringt, bis schließlich das Grundereignis auftaucht. Wird auch dies durch einmaliges oder wiederholtes Erzählen dem Bewußtsein vollständig zugänglich gemacht, versteht der Patient also, was da eigentlich geschehen ist, so hebt sich die elektronische Fehlverknüpfung, also die Fehlprogrammierung, auf. Der Gedanke "Letzten Endes bin ich ja doch allein" wird wieder das, was er vorher war, nämlich ein Gedanke unter vielen.
Alle körperlichen Reaktionen, alle Emotionen, lassen sich auf diese Art und Weise angehen. Ich habe bereits das Beispiel erzählt, wo Herzschmerzen nach zehnmaligem Aussprechen des Satzes "Mein Herz tut weh" verschwunden waren. Auf ähnliche Weise ist häufig eine Angstlösung rasch möglich. Ich lasse den Patienten einfach den Satz "Ich habe Angst"aussprechen. Nach mehrmaligem Aussprechen koppelt dieser Satz mit den entsprechenden Vorstellungen und Erlebnisinhalten. Durch Erzählen der entsprechenden Ereignisse entlädt sich die Angst und verschwindet in manchen Fällen sogar innerhalb kurzer Zeit. Nicht selten hat mir ein Patient nach wenigen Minuten gesagt, daß er eigentlich keine so große Angst habe.
Insgesamt ist also beim Auffinden und Behandeln von Falschprogrammen das Entladen der mit den Ereignissen verknüpften Energie von wesentlicher Bedeutung. Dann nämlich wird dem Patienten immer klarer, was beim Entstehen der Falschprogramme wirklich passiert ist, was also falsch war an den Programmen.

Den Programmen auf der Spur

Kehren wir noch einmal zurück zu unserem Computer-Beispiel. Auf dem Bildschirm (Hardware) erscheinen, nachdem ich über die Tastatur das entsprechende Programm (Software) aufgerufen habe, Zeichen, Zahlen, Buchstaben und Bilder. Der Vermittler (Energie) zwischen Soft- und Hardware ist elektromagnetische Energie. Der Verursacher ist der Bediener der Tastatur (das Ich), der vom Programmierer über Aufbau und Funktionsweise des Programms unterrichtet wurde. Mit diesem Erklärungsmodell möchte ich darstellen, daß auf ähnliche Weise beim Menschen über die Ebenen Ich — Gedankeninhalte — Energie — Körper Symptome, Verhaltensstörungen und eventuell sogar organische Krankheiten entstehen. Krankheiten sind also im Grunde nichts anderes als Programmierungsfehler.
In der derzeitigen Medizin wird lediglich auf der Körperebene eingewirkt. Wir verordnen Medikamente, wir operieren oder ersetzen durch Fremdstoffe.
Beim Computer wird uns der Versuch, Zeichenfehler am Bildschirm zum Beispiel durch das Wegschneiden fehlerhafter Angaben zu verändern, ein wenig abwegig erscheinen. Jedem Computerfachmann ist klar, daß er hier nur Abhilfe durch eine Änderung im Software-Bereich erzielen kann, also durch die Beseitigung von Programmierungsfehlern.
Auch wenn der Vergleich hie und da ein wenig hinkt, verstehen wir doch jetzt recht gut, warum die rein chemisch-mechanisch angelegten Versuche in der Medizin zur Heilung eines Menschen durchaus nicht immer von Erfolg gekrönt sind. Infolge der Komplexität[21] des Organismus ergeben sich nicht selten Nebenwirkungen von Medikamenten, die in manchen Fällen schlimmer als die Hauptkrankheit werden können. Bei der Anwendung mechanisch-chirurgischer Maßnahmen (Wegschneiden, Ersetzen) haben wir einen unwiderruflichen Schritt getan, und nicht

selten tritt anschließend keine Besserung ein, manchmal kommt es sogar zu einer Verschlimmerung der Beschwerden.
Ich möchte hier auf keinen Fall den Eindruck erwecken, daß ich Medikamente oder Operationen grundsätzlich ablehne. Sie nehmen eine wichtige Stellung bei der Behandlung bestimmter Leiden ein. Wenn ein entzündeter Blinddarm durchzubrechen droht, bleibt als einzige lebensrettende Alternative gewiß nur die Operation. Einen kaputten Bildschirm wird man schließlich auch durch einen neuen ersetzen. Doch ich möchte dazu anregen, bei jedem einzelnen Patienten darauf zu achten, auf welcher Ebene eine Störung vorliegt, und aus welcher Ebene der Behandlungsansatz kommen sollte. Kann es zum Beispiel richtig sein, Verhaltensstörungen durch Beruhigungspillen zu behandeln?
Vergleichbar mit der "Computer-Heilung", der Reparatur durch Änderung der Software also, finden wir im medizinischen Bereich die Gesprächstherapie bis hin zur Hypnose. Letztere ist allerdings nur dann sinnvoll und ungefährlich, wenn wir, um bei unserem Computerbeispiel zu bleiben, den gesamten Programmaufbau kennen, um die Programmierungsfehler gezielt beseitigen zu können. Hypnose halte ich für ein sehr problematisches Unterfangen, da hier mehr oder weniger ausgeprägt Bewußtsein und Wille ausgeschaltet und Fremdprogramme eingesetzt werden. Da hilft es auch nicht, daß der Hypnotiseur in guter Absicht handelt: Was da geschieht, ist eine Einpflanzung von Programmen, möglicherweise unterhalb der Bewußtseinsebene. Kein Programmierer im Computerbereich wird eine Umprogrammierung vornehmen, wenn er nicht den gesamten Programmaufbau kennt. Nur dann kann er sicher sein, daß mit der Umprogrammierung nicht noch weitere störende Auswirkungen erfolgen.
Schauen wir uns anhand eines fiktiven Beispiels einmal an, was bei Hypnose – neben all den möglichen positiven

Wirkungen — auch passieren kann: Jemand hat Probleme mit seinem Gewicht. Er läßt sich hypnotisieren und den Gedanken beziehungsweise die Vorstellung eingeben: "Mein Appetit ist nur noch gering." Dieser Mensch wird also an Gewicht abnehmen, da sein "Appetit nur noch gering" ist — so weit, so gut.
Da aber weder Patient noch Hypnotiseur alle unbewußten Programme kennen, wird übersehen, daß ein anderes Programm aktiv wird. Dieses Programm ist in der Kindheit entstanden. Die Mutter hat ihrem Kind nämlich eingeschärft: "Junge, wenn du nicht ordentlich ißt, dann kriegst du ganz leicht Erkältungen." Dieses Programm wird jetzt aktiv. So erlebt unser Patient zwar, daß er an Gewicht verliert, dafür aber ständig erkältet ist.
Wir verstehen jetzt, warum es bei einer Schau-Hypnose auf offener Bühne dem Hypnotiseur zuweilen nicht mehr gelingt, die Hypnose wieder aufzulösen, und der "Patient" im Krankenhaus landet. Hypnose ist eine Therapie, die zusätzliche Programme einpflanzt, und das bei mehr oder weniger starkem Ausschalten von Bewußtsein und Wille der Person. Das birgt nicht geringe Risiken und Gefahren.
Im Gegensatz zur Hypnose ist die hier angesprochene Verfahrensweise keine hinzufügende, sondern eine auflösende Maßnahme, und das bei vollem Bewußtsein und ohne Einschränkung des freien Willens. Hier wird dem Patienten geholfen, seine Falsch-Programme zu erkennen, den Ursprung ihres Entstehens zu finden und wieder aufzuheben. Wie aber kommen wir diesen Falschprogrammen auf die Spur?
Wir haben einen guten Einblick gewonnen in das Innenleben eines Menschen, in die Zusammenhänge der Entstehung von psychischen und psychosomatischen Phänomenen. Wir haben gesehen, daß der Mensch aus weit mehr besteht als nur aus seinem Körper. Wir haben von den unterschiedlichen Ebenen gehört, vom Weg der Impulse,

von Energie, Emotion und der Macht der Gedanken. Ich denke, daß wir nun genügend Wissen gesammelt haben, um zu verstehen, wie wir den Programmen auf die Spur kommen können.
Zunächst möchte ich ein Beispiel für eine Verhaltensstörung anführen, die mit körperlichen Symptomen gekoppelt war:
Eines Tages kam eine junge Lehrerin zu mir in die Praxis, die unter Ohnmachtsanfällen litt. Eine gründliche organische Untersuchung, auch durch einem Herz-Kreislauf-Spezialisten, hatte keinen Hinweis für eine organische Erkrankung ergeben. Dennoch, die Häufigkeit und Intensität der Ohnmachtsanfälle nahm zu. Ein Versuch mit den üblichen Kreislaufmitteln und schließlich mit Beruhigungsmitteln führte ebenfalls zu keiner Besserung.
Nach mehreren langen Gesprächen konnte die Situation gebessert werden, die Zahl der Ohnmachtsanfälle nahm ab, verschwand allerdings nicht vollständig. Im Zusammenhang mit den Ohnmachtsanfällen ergaben sich schwerwiegende Partnerschaftsprobleme. Die Patientin fühlte sich häufig von ihrem Partner alleingelassen und konnte auf eine große Reihe von mißglückten Beziehungen zurückblicken. Wir schauten uns daraufhin einmal die Beziehungen sehr intensiv an, und zwar jeweils in jenem Stadium, in dem der Bruch auftrat. Ziemlich schnell kristallisierte sich das Programm heraus, das irgendwann im Laufe der Partnerschaft aktiviert wurde und die Trennung herbeiführte. Dieses Programm lautete in diesem Fall: "Er kann sich nicht für mich entscheiden."
Bei der Betrachtung der bisherigen Partner ergab sich, daß die Patientin sich entweder einen Partner ausgesucht hatte, der unter Entscheidungsschwierigkeiten litt oder, wenn dies nicht der Fall war, die Patientin ihn zu einem Zeitpunkt zu einer Entscheidung drängte, wo für ihn eine solche Entscheidung nicht möglich oder zu schwierig war. In jedem Fall war

das Ergebnis stets das gleiche: Das Programm "Er kann sich nicht für mich entscheiden" wurde aktiv und sorgte dafür, daß es zu Turbulenzen kam, die dann zum Bruch und zur Trennung geführt haben.

Es gelang uns, die mit den Ereignissen verknüpfte Mißemotion zu entladen und dieses Programm exakt zu lokalisieren einschließlich des Zeitpunktes, an dem es entstanden war. Um es kurz zu machen: Die Patientin ist jetzt glücklich verheiratet und hat gerade ein Kind zur Welt gebracht. Ohnmachtsanfälle bestehen nicht mehr.

Als nächstes folgt das Beispiel einer organischen Erkrankung und ihrer Ursache:

Eine etwa 40jährige Patientin litt seit acht Wochen unter chronischem Schnupfen mit Beteiligung der Nasennebenhöhlen. Es bestand eine entsprechende, dem Mediziner gut bekannte Symptomatik: grünlich-eitriger Schnupfen, Kopfschmerzen, allgemeines Unwohlsein.

Ich veranlaßte die Patientin, sich durch gezielte Übungen auf ihr Ich zu konzentrieren. Mit ihrem geistigen Auge ließ ich sie auf den erkrankten Bereich schauen. Wie nicht anders zu erwarten, bekam die Patientin zunächst nur eine Vorstellung von den körperlichen Strukturen. Da sie in diesem Fall aber mit dem geistigen Auge schaute, gelang es ihr recht bald, den Energiebereich zu erkennen. Sie konnte hier die in diesem Raum befindliche Energieaufladung sehen. Üblicherweise ist dieser Energiebereich, wenn keine Störungen vorliegen, hell bis strahlend weiß ("ich weiß"), wie sich beliebig nachweisen läßt. In diesem Fall sah die Patientin, da sehr viel Ladung vorhanden war, schwarz ("ich sehe schwarz"). Sie bekam das Empfinden: "Ich falle wieder rein." Im übertragenen Sinne meinte sie eine seit acht Wochen bestehende neue Partnerschaft. Ihr selbst unbewußt hatte sie die Angst: "Ich falle wieder rein."

Durch mehrmaliges Aussprechen dieses hochaufgeladenen Satzes konnte zunächst viel Energie aus diesem Bereich entfernt werden. Dies war verbunden mit dem Auftreten entsprechender Emotionen und auch starken körperlichen Reaktionen. Schließlich konnte die Patientin die sich in diesem Bereich befindlichen Programme identifizieren. Ihr wurde zunehmend klarer, was da eigentlich geschehen war. Schließlich kam ihr die Ursache voll zu Bewußtsein. Das Ganze dauerte etwa zwanzig Minuten. Im Anschluß daran ließ der Schnupfen schlagartig nach und verschwand vollständig innerhalb eines halben Tages, ebenso alle vorher vorhandenen Symptome.

Kommen wir zum Beispiel eines dreizehnjährigen Jungen. Im April 1988 klagte er bei einem Frankreich-Urlaub über Leibschmerzen. Wegen Verdachts auf eine Blinddarmentzündung erfolgte die Operation. Leider gehörte unser junger Mann zu jenen Patienten, die vergeblich am Blinddarm operiert wurden. Er erholte sich nur langsam, die Beschwerden blieben, jetzt mehr im Nierenbereich. Mittlerweile zurück in Deutschland, wurde der Verdacht auf Nierensteine erhoben. Zahlreiche Untersuchungen an einer Universitätsklinik brachten kein sicheres Ergebnis. Später traten Beschwerden im Halsbereich auf; und natürlich waren die Mandeln etwas vergrößert und wurden entfernt. Dennoch erfolgte wieder keine Besserung des körperlichen und seelischen Zustandes. Im Gegenteil, der Junge klagte zunehmend über Schlappheit und sprach sogar davon, daß er wohl nicht mehr gesund werde. – Was war geschehen?

Im August 1985 war die Familie zum Grillen in Nachbars Garten eingeladen. Dort gab es auch Obst und Gemüse. Herzhaft biß er in eine Mandarine, die leider schlecht war. Er dachte: "Es ekelt mich." Und er beschloß: "Ich werde nie wieder Obst und Gemüse essen." Dieser Beschluß war bei dem neunjährigen Kind bald vergessen und lag nun unterhalb der Bewußtseinsebene.

Jahre später hörte er von der Mutter eines Freundes immer wieder: "Junge, wenn du kein Obst und Gemüse ißt, bekommst du keine Vitamine und kannst nicht groß und stark werden." Und: "Ohne Vitamine wird man krank." Nun wollte er natürlich unbedingt Obst, Gemüse und Vitamine essen. Doch im Hintergrund lauerte das Programm "Es ekelt mich, ich werde nie wieder Obst und Gemüse essen". Das Programm wurde jetzt (unbewußt) aktiviert. Schon beim Gedanken an Obst und Gemüse bekam er Bauchschmerzen. Da er "groß und stark" werden wollte und natürlich nicht krank, zwang er sich, Obst und Gemüse zu essen. Die Folgen waren Halsschmerzen, Würgen bis hin zum Erbrechen. Nun war er in einem schweren Dilemma: Ohne Obst und Gemüse – nicht groß und stark, eventuell sogar krank. Mit Obst und Gemüse – Ekel, Würgen, Erbrechen.

Er geriet unter große Spannung, es traten viele Symptome auf. Bei keiner Untersuchung wurde eine "richtige" organische Erkrankung gefunden. Schließlich wurde – wie bei Kindern nicht selten – alle Hoffnung auf Blinddarm- und Mandeloperationen gesetzt. Ohne Erfolg!

Zweieinhalb Stunden hat es gedauert, um diese Zusammenhänge herauszubekommen. Der kleine Kerl war erstaunlich diszipliniert und gelehrig, und es entlud sich reichlich Energie in Form von Schmerz und Tränen. Als dem Jungen die Zusammenhänge klar wurden, die Energie entladen war, verloren die Programme ihre Wirkung. Er konnte wieder Obst und Gemüse ohne irgendwelche körperlichen Reaktionen essen. Es ging wieder bergauf.

Ich möchte an dieser Stelle auf das Aufzählen weiterer Beispiele verzichten. Ganz sicher bedarf es noch weiterer, sehr intensiver Arbeit, um sämtlichen Programmen auf die Spur zu kommen. Kein Zweifel besteht für mich daran, daß bei Kenntnis des bisher Geschilderten ein wesentlich besseres Verständnis für krankhafte Phänomene bei Menschen möglich ist. Mit diesem Verständnis ergibt sich in vielen Fällen eine recht einfache Behandlung – ohne die Notwendigkeit zu chemisch-mechanischem Eingriff.

Bei Verhaltensstörungen und einfachen körperlichen Erkrankungen war meist ein schneller Erfolg zu erreichen. Wie weit bei schweren organischen Veränderungen ein Erfolg zu erzielen ist, vermag ich zum jetzigen Zeitpunkt nicht zu sagen.

Therapie, Individualität und Statistik

In der modernen Medizin gehört die Erstellung beziehungsweise die Auswertung von Statistiken zum Alltag wissenschaftlicher Forschung. Wir geben bei einem bestimmten Symptom eine bestimmte chemische Substanz und beobachten bei einer Gruppe von Testpersonen deren Wirkung auf den Menschen. Wir erstellen Statistiken mit Angaben über Häufigkeit von Besserung oder Verschlechterung sowie über die Nebenwirkungen. Wir führen Operationen durch und erstellen anschließend eine Statistik der Ergebnisse. Wenn wir mit einem Patienten über eine bestimmte Behandlungsform sprechen, so können wir nur über die statistischen Möglichkeiten des Ergebnisses sprechen, exakte Voraussagen sind nur selten möglich.
Bei dem hier beschriebenen Erklärungsmodell ist dies völlig anders. Hier ist die Behandlung ganz und gar individuell, das heißt, wir beseitigen die Störung, die bei diesem einzelnen Menschen in dieser ganz speziellen Form vorliegen.
Hierbei spielt der Patient eine entscheidende Rolle: Grundvoraussetzung ist die absolute Bereitschaft, bei dieser Behandlung offen und ehrlich mitzumachen. Da die Behandlung im geistigen Bereich abläuft, wirken sich alle negativen Gedanken, Vorstellungen und Empfindungen störend aus bis hin zu dem Punkt, daß eine Behandlung gar nicht möglich ist. Liegen übermächtige innere Widerstände vor, wie zum Beispiel die Gedanken "Bei mir hilft das sowieso nicht"

oder "Ich glaube nicht daran", so kann kein Ergebnis erzielt werden. Diese inneren Widerstände sind allerdings rasch erkennbar und ansprechbar. Falls sie sich nicht durch ein Gespräch überwinden lassen, so bedeutet dies das Ende der Behandlung.
Wir sehen, daß die innere Einstellung des Betroffenen von allergrößter Wichtigkeit ist. Bei einer positiven inneren Einstellung können auch die inneren Widerstände überwunden werden, die dem Patienten zunächst selbst nicht bewußt sind.

Zusammenfassung

Wir haben jetzt einen guten Überblick über die Zusammenhänge von krankhaften Phänomenen beim Menschen bekommen. Wir konnten uns ein Erklärungsmodell erarbeiten, das die Lücke schließt, die sich seit langem zwischen Psyche und Soma, also zwischen Seele und Körper aufgetan hatte. Die Lösung auf die Frage nach der Art und Weise ihrer Verbindung lautet: Elektromagnetische Energie unterschiedlicher Frequenz, Wellenlänge und Intensität wirkt als Substrat und Träger von Information und Kommunikation.
Ganz neue Wege sind es nicht, die wir da beschreiten. Schon der berühmte Arzt Messmer (1724–1815) sprach von einem "animalischen Magnetismus". Viele Ärzte und Forscher nannten es Lebensenergie, "ganz differentielle Energiezustände" oder schlicht Magnetismus (Hufeland).
In unserer modernen Zeit bekommen wir anhand des Beispiels vom Computer (Hardware, Software, Programme, Programmierer) eine gute Vorstellung dieser ganzen Zusammenhänge.
Die moderne Physik hat uns den Weg gebahnt. Sie hat gezeigt, daß elektromagnetische Strahlung Einfluß auf ma-

terielle, beim Menschen also auf biochemische Vorgänge nehmen kann. Wir können uns jetzt vorstellen, wie ein vom Ich ausgehender Impuls schließlich einen psychosomatischen Vorgang verursachen kann. Wir konnten nachweisen, daß der Mensch in der Lage ist, mit seinem geistigen Auge elektromagnetische Energie als Substrat zu sehen und die mit diesem Substrat verbundenen Gedanken und Emotionen, also die mit diesem Substrat verbundenen Informationen, zu erkennen. Wir konnten weiterhin zeigen, daß durch dieses Erkennen Verhaltensstörungen und psychosomatische Phänomene erkannt und beseitigt werden können. Diese Erkenntnis eröffnet den Zugang zu neuem Wissen und seine Anwendung in der Heilkunde, eventuell sogar für die Behandlung organischer Krankheiten. In dieser Hinsicht gibt es noch viel zu lernen – für alle, nicht nur für die Ärzte.

Das von mir Geschilderte ist zunächst nur eine grobe Skizze, ein erster Entwurf, ein Erklärungsmodell. Die gewonnenen Daten sind für jedermann zugänglich und, wie ich hoffe, auch verständlich.

Die für die Gesamtvorstellung dienenden physikalischen Meßwerte und Daten sind noch schwierig zu gewinnen und teilweise unterschiedlich zu deuten. Dennoch geben die hier vorgestellten Modelle, Skizzen und Gedankengebäude bereits jetzt einen so guten Rahmen, daß Behandlungsergebnisse vorhersagbar und wiederholbar sind.

Ganz gleich, ob der physikalisch-naturwissenschaftliche Rahmen nun exakt zu bewahren ist oder (noch) nicht, ganz gleich sogar, ob die gesamte Erklärung später völlig geändert werden muß: Es lassen sich auf Grund des hier dargestellten Erklärungsmodells Dinge verstehen, die ich bis dahin nicht verstanden habe und vor allem: Es lassen sich erstaunliche Ergebnisse erzielen!

II. Vertiefung des Wissens

Schwingungen, Information und Kommunikation

In unserem Erklärungsmodell nimmt die Energie eine dominierende Stellung ein. Zum besseren Verständnis von psychischen, psychosomatischen und eventuell sogar organischen Phänomenen haben wir das Beispiel des Computers gewählt, und hier insbesondere die Begriffe "Programmierer", "Software" und "Hardware" dargestellt. Wir haben angenommen, daß die elektromagnetische Energie der Träger der Gedanken und Empfindungen, also der rein geistigen Vorgänge, ist.
Diese Annahme konnte bisher noch nicht eindeutig und für die Naturwissenschaft zufriedenstellend bewiesen werden. Allerdings liefert uns die Physik viele Hinweise dafür, daß bei allen Lebewesen die Photonen Informations- und Kommunikationsvermittler sind, die die körperlichen, also chemischen Prozesse regulieren.
Keine Sorge, ich werde jetzt keine Vorlesung in Physik halten. Dies nur zur Beruhigung derer, die sich bisher mit diesen Dingen nicht oder wenig beschäftigt haben. Für diejenigen, die die hier angeführten Beispiele vertiefen möchten, finden sich im Anhang nähere Erläuterungen.
Ich möchte im folgenden nur die Grundbegriffe erläutern, die zum Verständnis der hier angesprochen Zusammen-

hänge von Bedeutung sind. Wir werden rasch sehen, daß es sich dabei um sehr praxisnahe Informationen handelt.
Elektromagnetische Energie tritt in Form von Wellen auf. Bei diesen Wellen unterscheiden wir Wellenlänge, Amplitude (Höhe der Welle) und Schwingung pro Sekunde (Frequenz). Die Einheit der Frequenz ist ein Hertz, benannt nach dem deutschen Physiker Heinrich Hertz. Ein Hertz ist eine Schwingung pro Sekunde, 100 Hertz sind 100 Schwingungen pro Sekunde.
Mit dem Verständnis dieser wenigen Begriffe können wir jetzt einen Blick in die moderne Technik werfen, und wir erkennen, daß fast die gesamte Technik, Energieerzeugung, Informationsübertragung und Kommunikation auf elektromagnetischer Energie mit unterschiedlicher Frequenz beziehungsweise Wellenlänge beruht: Radiowellen, Infrarotstrahlung, sichtbares Licht, Ultraviolettstrahlung, Röntgenstrahlung und schließlich die kurzwellige Gammastrahlung.
Um das Prinzip der Informationsübertragung verstehen zu können, muß ich den Begriff der Resonanz erklären. Resonanz ist ein Wort aus der lateinischen Sprache und bedeutet soviel wie "Mitschwingen, Mittönen". Erfährt ein schwingungsfähiger Körper aufeinanderfolgende Stöße in seiner Eigenfrequenz, so wird er zu kräftigen Schwingungen angeregt — es tritt Resonanz ein. Schlägt man auf dem Klavier das tiefe C an, so schwingen auch die höheren C mit.
Auch unsere menschliche Stimme beruht auf Resonanz. Der Ton wird im Kehlkopf erzeugt. Dazu pressen wir Luft durch die mehr oder weniger angespannten Stimmbänder hindurch. Durch Resonanz, also das Mitschwingen der Stimmbänder, entsteht ein Ton, der durch unterschiedliche Stellungen im Mund-Rachen-Raum verändert werden kann. Bewegung der Zunge gegen den Gaumen und die Zähne sowie Veränderung der Lippenstellung erzeugen die zahlreichen unterschiedlichen Laute, aus denen die menschliche Sprache besteht.

Das Prinzip einer Informationsübertragung ist es, daß wir Informationen auf Wellen und Schwingungen übertragen. So arbeitet die Kurzwelle, die Ultrakurzwelle, das Fernsehen und so weiter. Eine Schwingung ist umso energiereicher, je höher die Frequenz ist, und gleichzeitig erweitert sich auch die Möglichkeit zur Informationsübertragung. Fernsehen zum Beispiel ist auf eine gewaltige Menge von Signalen angewiesen, um Bild und Ton erzeugen zu können, es benötigt daher zur Übertragung eine relativ hohe Schwingungszahl (Frequenz).
Wie wird nun die Information einer Welle "eingegeben"? Dies geschieht zum Beispiel durch Abwandlung (Modulation) von Frequenz oder Amplitude.
Damit die Informationen zwischen Sender und Empfänger verstanden werden, muß eine gemeinsame Sprache vereinbart werden. Das gilt für den Menschen und auch für die technischen Informationsüberträger wie Tonträger, Magnetbänder und optische Informationsträger. Wir brauchen also eine Codierung, also die Darstellung einer Nachricht in einer anderen Form, entsprechend einer Umsetzungsvorschrift, einem Code. Wenn wir uns auf eine solche Umsetzungsvorschrift geeinigt haben, so können wir den Inhalt einer Information auch nach mehreren Umsetzungen verstehen.
Ein bekanntes Beispiel für codierte Information ist das Telefon. Hier wird die gesprochene Sprache in Schallwellen umgewandelt, die Schallwellen im Telefonhörer in elektromagnetische Wellen, die durch die Telefonleitung transportiert werden. Am anderen Ende der Leitung werden dann die elektromagnetischen Wellen wiederum in Schallwellen umgewandelt, diese treffen auf unser Ohr, und wir können schließlich in unserem Gehirn die Schallwellen wieder in Gedanken und Worte umsetzen. Dann können wir verstehen, was unser Gesprächspartner am anderen Ende der Leitung gesagt hat.

Auf den sprachlichen Bereich der Kommunikation übertragen bedeutet dies, daß wir den anderen dann verstehen, wenn wir seine Sprache beherrschen. Im Bereich der elektromagnetischen Wellen bedeutet dies ein Gleichschwingen bei Sender und Empfänger — eine Resonanz. Wir sind dann im Wortsinn "auf gleicher Wellenlänge".
Was hat dies alles nun mit dem Menschen zu tun? Ich zitiere aus dem Buch "Ein Leben unter Spannung" von M. Fritsch: "Ungefähr zwei Millionen Jahre sind wir Menschen alt. Entstanden sind wir unter dem Einfluß von jahrmillionenlangen kosmischen Einstrahlungen, durch die natürlichen elektromagnetischen Wellen und durch die gesamte Bio-Elektrizität um uns herum. Millionen von verschiedenartigen natürlichen elektromagnetischen Feldern wirken hier ununterbrochen auf uns ein und leben in einer Harmonie zueinander. Jedes Organ, jede einzelne der Milliarden Zellen in uns empfängt diese vielschichtigen Schwingungen, verarbeitet sie und gibt sie weiter. Das bedeutet, daß alles Leben auf dieser Erde auf der Information dieser Urschwingungen basiert. Jedes Organ, jede Zelle hat eigene Schwingungen, die genau aufeinander abgestimmt sind."
Schauen wir uns mit diesem Wissen erneut unser Vorstellungsmodell "Mensch" und den noch unbewiesenen Weg der Impulse an (siehe auch Seite 167).
Wir wissen, daß in jeder menschlichen Zelle pro Sekunde etwa 40 000 (!) Vorgänge ablaufen. Da der Mensch aus etwa 10^{13} Zellen besteht, sind das mehr als 10^{17} Vorgänge pro Sekunde. Diese Vorgänge dürfen nicht chaotisch und unkoordiniert ablaufen, sondern müssen auf das Feinste geordnet und aufeinander abgestimmt werden. Um eine derart große Informationsmenge zu verarbeiten, sind sicherlich Wellen mit einer Frequenz von 10^{12} bis 10^{16} Hertz notwendig. Wir befinden uns damit im Bereich von Infrarotstrahlen, sichtbarem Licht und Ultraviolettstrahlen. Das ist zunächst einmal nur eine Annahme. Dies ist allerdings

auch exakt der Bereich, den Physiker bei lebenden Zellen gemessen haben. Höhere Frequenzen dürften es nicht sein, da wir mit 10^{17} bis 10^{19} Hertz in den Bereich von Röntgenstrahlen kämen, die für menschliche Zellen, insbesondere das Erbmaterial, nicht ungefährlich sind.

Wenn ich des weiteren annehme, daß unser Ich durch Gedanken, Vorstellungen und Empfindungen einen "Zugriff" auf elektromagnetische Energie mit derart hohen Frequenzen hat, so kann ich den Weg der Impulse nachvollziehen. Diese vom Ich ausgehenden Impulse würden dann nach mehreren Transformationen[1] einen chemischen Prozeß anstoßen. Wir hätten damit ein Erklärungsmodell für das Schlagwort "Geist über Materie" (vergleiche auch die näheren Erläuterungen im Anhang).

Anhand dieses Vorstellungsmodells können wir jetzt auch verstehen, warum die Sprache "schon alles weiß", sie also bereits Sachverhalte ausdrückt, die wir uns erst nach langem Suchen bewußt manchen können. Die Sprache ist nur ein Symbol, eine besondere Form, um Informationen auszudrücken. Jedes einzelne Wort, jeder bestimmte Satzinhalt ist mit einem Gedanken, einer Vorstellung und/oder einer Empfindung verbunden. Dies könnte, übertragen auf den elektromagnetischen Bereich, einem Energiekomplex mit einer ganz bestimmten Frequenz oder Frequenzfolge entsprechen. Gerät dieser Bereich in Resonanz, so kommt uns der entsprechende Sachverhalt, die Information, zu Bewußtsein. Auch wenn wir die Gesamtzusammenhänge vielleicht noch nicht ganz verstehen, so erfassen wir doch intuitiv einen Sachverhalt ("Beim Anblick dieses Menschen sehe ich einfach rot" oder "Wir sind auf gleicher Wellenlänge").

Wir könnten jetzt auch verstehen, warum beim Aussprechen bestimmter Worte oder Sätze in uns etwas zum Schwingen kommt, und zwar umso stärker, je mehr Energie damit verbunden ist, das heißt also, je aufgeladener dieser

Bereich ist. Unser Modell vermittelt auch eine Vorstellung dafür, warum über die Sprache tatsächlich körperliche Prozesse in Gang gesetzt werden können. Die Worte werden dann wirklich wörtlich genommen und körperlich umgesetzt.
Ein Beispiel hierfür bietet das bereits erwähnte Autogene Training. Hier wiederholen wir ständig einen Satz wie beispielsweise "Mein rechter Arm wird warm" und erleben dann, daß nach einer Weile der rechte Arm tatsächlich warm wird. Bei dieser Art von Selbstsuggestion wird ganz einfach das Resonanzprinzip angewendet.

Transformation

Wenden wir uns noch einmal dem Begriff der Transformation zu. Wollen wir eine Information aus einem Frequenzbereich in einen völlig anderen Frequenzbereich übersetzen (transformieren), so brauchen wir eine Übersetzungsvorschrift, eine Codierung. Für eine solche Transformation, genauer gesagt: eine Folge von Transformationen, hatten wir ja bereits das Telefon als bekanntes Beispiel kennengelernt.
Wie ist dies nun beim Menschen? Wir stützen uns erneut auf unsere Modellvorstellung vom Weg der Impulse: Ich-Ebene – Gedanken/Vorstellungs/Energie-Bereich ("Software") – Gehirn- und Nervensystem ("Hardware") – Organe/Zellen ("Hardware").
Wir verfolgen nun einmal rein hypothetisch den Impuls, der vom Ich ausgeht und im Gedanken- und Vorstellungsbereich einen bestimmten Inhaltskomplex zum Schwingen bringt. Nach einer oder mehreren Transformationen, über deren Art ich nur spekulieren kann, werden Impulse in den Nervenzellen des Gehirns ausgelöst. Vor hier aus werden die transformierten Impulse über die Nervenbahnen und schließ-

lich zu den einzelnen Zellen und Organen weitergeleitet und können hier dann bestimmte Programme auslösen. Ein solcher Vorgang setzt natürlich eine genaue Umsetzungsvorschrift (Codierung) voraus, da der Inhalt der Information bei den einzelnen Umwandlungen exakt erhalten bleiben muß. Wir hätten dann auf jeder Ebene eine andere Ausdrucksform, die sich nach den Strukturen des entsprechenden Bereiches richtet, jedoch immer den gleichen Informationsgehalt weiterleitet.

Nehmen wir als Beispiel das Phänomen Fieber. Auf der physischen Ebene findet eine Erwärmung des Körpers statt. Untersucht man im Gedanken- und Vorstellungsbereich den Befehl, der auf der Körperebene Fieber auslöst, so findet man sinngemäß: "Ich bin weit weg." – "Ich bin nicht ganz da." Befragen wir einen Patienten, der hohes Fieber hat, so schildert er uns seine Empfindung und seine Gedanken tatsächlich in dieser Form. Er erlebt alles wie aus weiter Ferne. Seinem Verhaltensmuster nach ist er "wie weggetreten". Wir haben hier also ein Beispiel für unterschiedliche Ausdrucksformen bei gleichem Informationsgehalt: Fieber signalisiert uns, daß der Betreffende die tiefgreifende Empfindung hat, nicht ganz da zu sein, und auf der Gedankenebene die Befehle aussendet: weit weg. Auf der Körperebene finden wir dann als Ausdrucksform die Überwärmung.

Untersuchen wir unter diesem Gesichtspunkt andere Erkrankungen, so erlernen wir allmählich eine Form von Krankheits- und Organsprache, die in den meisten Fällen mit den medizinischen Fachbegriffen gar nicht übereinstimmt, sondern viel eher mit den von dem Kranken geschilderten Symptomen, Empfindungen und Gedanken. Hier zwei Beispiele:

Rheuma – "Ich kann mich nicht rühren, ich bin ganz steif und unbeweglich, mir tut alles weh."

Magenschmerzen – "Ich muß zu viel schlucken, es tut weh."

Hören wir sehr genau auf diese geschilderten Symptome, Empfindungen und Gedanken, so kommen wir den dahinterliegenden Fehlprogrammierungen rasch auf die Schliche. Auch hierüber gibt es bereits Bücher wie zum Beispiel "Entschlüsselte Organsprache" von Henry G. Tietze.
Meine Untersuchungen haben ergeben, daß jeder Mensch nur sehr individuell und nicht nach starren Regeln erfaßt werden kann. Die Bedeutung, der Gedankeninhalt und die Empfindungen, die hinter den einzelnen körperlichen Symptomen und Krankheiten stecken, müssen für jeden Menschen gesondert herausgefunden werden.

Schwingung und Umwelt

Alles ist Schwingung, so könnten wir nach der Lektüre des letzten Kapitels meinen. Die Musik mit ihren unterschiedlichen Instrumenten erzeugt Schwingungen, die dem menschlichen Ohr angenehm klingen sollen. Bei der Malerei sehen wir Bilder in vielerlei Farben. Farbe ist nichts weiter als Licht mit einer bestimmten Wellenlänge, welches auf die Netzhaut des Auges trifft. Auch in der Natur finden wir viele Beispiele: Kristalle, die weitgehend störungsfrei wachsen können, entstehen nach festem Bauplan. Viele sind fähig, konstant zu schwingen. Man denke an Quarz, das ideal ist als gleichmäßige Antriebskraft für Uhren. Die Sonne wandert in bestimmtem Rhythmus vom nördlichen zum südlichen Wendekreis. Der Abstand von Sonne, Erde und Mond folgt ebenfalls rhythmischen Gesetzen.
Auch der Mensch selbst produziert Schwingungen und zwar nicht nur im technischen Bereich allein. So greifen wir als "Architekten" in die Natur ein, schaffen Bauwerke, verändern Landschaften, deren Form wir mit Hilfe unseres Auges mittels Lichtschwingungen wahrnehmen.

Auch im persönlichen Bereich erzeugen wir Schwingungen auf bewußter und unbewußter Ebene. Jeder kann dies testen, indem er zum Beispiel seinem Partner eine Liebeserklärung, ein Kompliment oder ein Geschenk macht. Normalerweise wird man sich über diese Aufmerksamkeit, über diesen Beweis herzlicher Zuneigung sehr freuen.
"Ich bin heute so beschwingt" ist eine gängige Redewendung, um diese positive Empfindung zu umschreiben. Wird dann vom Partner diese Schwingung verstanden (Resonanz) oder gar eine ähnliche Schwingung erwidert, so stellt sich schnell eine harmonische Beziehung ein. Fühlen wir uns im Kreise von Freunden wohl, so fühlen wir uns beschwingt, die Atmosphäre ist entspannt.
Lichtschwingungen sind für uns Menschen ein absolutes Muß. "Licht ist Leben", so sagen manche. Die Sonnenstrahlen mit ihrer hohen Schwingungszahl haben einen physisch wie psychisch aufbauenden Charakter und stellen für den Menschen eine "unersetzliche Nahrungsquelle" dar. Fehlt eine angemessene Dosis, so stellen wir häufig Müdigkeit und Lustlosigkeit fest. Bei lang anhaltendem Entzug von Licht entstehen dann sogar körperliche Schäden. Studien mit Marinesoldaten, die längere Zeit sich an Bord von U-Booten befanden, haben dies hinreichend belegt.
Natürlich darf auch die Photosynthese[2] nicht unerwähnt bleiben. Nur mit Hilfe des Sonnenlichtes können Pflanzen überhaupt erst wachsen. Und ohne den von ihnen produzierten Sauerstoff wäre wiederum keine weitere Entwicklung von Lebewesen auf dieser Erde möglich gewesen.
Wir leben in einem Meer von Schwingungen. Leider ist diese Tatsache wenig bekannt und wenig anerkannt. Die störenden Auswirkungen der vielen elektrischen Geräte in jedem Haushalt sind bis heute nicht untersucht worden.
Besser erforscht, wenngleich auch wenig bekannt, ist die mögliche schädigende Wirkung von Schwingungen im unmittelbaren Bereich von Hochspannungsleitungen. Hier

handelt es sich um elektromagnetische Felder von 50 Hertz. In einer groß angelegten Studie wurden 2 000 Personen befragt, die in unmittelbarer Nähe von Hochspannungsleitungen leben. Es wurde eine überzufällige Häufung von körperlichem Unwohlsein und Beschwerden bis hin zu einer Vielzahl organischer Erkrankungen festgestellt. Anhand unseres Vorstellungsmodells können wir diese Zusammenhänge jetzt verstehen. Es dürfte sich um ein Resonanzphänomen handeln.

Auch die Wetterfühligkeit läßt sich nun leicht erklären: Bei einem Wetterumschwung ändern sich auch die elektromagnetischen Felder um uns. Das kann unterschiedliche Programme in uns anregen (Resonanz) wie zum Beispiel Kopfschmerzen, Unwohlsein, sogar Lebensmüdigkeit, glücklicherweise aber auch positive Programme.

Ein weiteres Beispiel ist das Waldsterben im Einflußbereich von Sende-, Militär- und Funkanlagen. Umweltkritiker und zahlreiche Wissenschaftler aus den verschiedensten Bereichen haben festgestellt, daß Nadel- und Laubbäume auf die technisch erzeugten Mikrowellen reagieren. Eine Tannennadel ist ca. zwei Zentimeter lang. Die Wellenlänge verschiedener Fernsehsatelliten und Richtfunkanlagen beträgt etwa die gleiche Wellenlänge. Wie Antennen, so bestätigen viele Wissenschaftler, empfangen diese Nadeln die künstlichen Mikrowellen. Zwangsläufig müssen dadurch langfristige Störungen im biologischen Ablauf eintreten, was im direkten Einsatzbereich von Posttürmen oder Radaranlagen zu beobachten ist. Ein Forstamtsleiter beschrieb seinen Eindruck so: "Mit einem Schlag, und das war das Alarmierende, starben fast alle Fichten auf diesem Hang ab."

Die nähere Beschäftigung mit diesem Gebiet wird uns sicherlich viele Erkenntnisse liefern, insbesondere was Gesundheit und Krankheit von Mensch und Natur angeht. Doch kehren wir von unserem kleinen Ausflug zurück zum Menschen.

Wie entsteht Spannung beim Menschen?

Haben Sie bitte keine Angst, daß ich Sie weiter mit physikalischen Begriffen quäle. Das nun folgende Kapitel ist sehr praxisnah und auf den Menschen bezogen.
Wir haben sehr viel über Energie gehört, über Energie, die Programme auslösen kann, Verhaltensprogramme, körperliche Symptome (Druck, Ziehen, Stechen und so weiter) sowie eventuell sogar für körperliche Krankheiten verantwortlich sein kann. Wie entsteht beim Menschen diese Energie, oder anders gefragt: Wie entsteht beim Menschen Spannung?
Um diese Frage zu beantworten, müssen wir kurz den Begriff der Spannung beleuchten. Energie kann nur fließen, wenn Spannung vorhanden ist. Spannung besteht dann, wenn ein Kräfteunterschied zwischen zwei Punkten vorhanden ist. Wir kennen dies von einer Batterie, bei der wir einen Plus- und einen Minuspol haben.
Wenn wir diese beiden Punkte miteinander verbinden, so fließt Strom (Energie). Denken wir nur an ein Wasserkraftwerk, wo aus dem Gefälleunterschied Energie gewonnen wird. Diese Energie kann in eine andere Energieform umgewandelt werden, zum Beispiel bei der Mühle oder der Turbine.
Wie ist dies nun beim Menschen, wann geraten wir unter Spannung? Die Antwort ist einfach: Wir geraten unter Spannung, wenn zwei entgegengesetzte oder auch nur verschiedene Programme innerhalb ein und desselben Vorhabens gleichzeitig aktiviert werden. Wie ist das zu verstehen? Hier ein Beispiel:
Ich möchte verreisen und weiß, daß um 12 Uhr mein Flugzeug nach Mallorca fliegt. Um dieses Flugzeug rechtzeitig zu erreichen, entwickle ich einen Plan, nach dem ich meinen Koffer packe, das Taxi bestelle, die Formalitäten am Flughafen abwickle und schließlich das Flugzeug betrete.

Angenommen, ich müßte spätestens um 11.30 Uhr am Flughafen sein und bleibe um 11.25 Uhr mit dem Taxi in einem Verkehrsstau stecken. Was geschieht?
Mir kommen Gedanken wie "Vielleicht schaffst du es jetzt nicht mehr!" oder: "Jetzt kommst du bestimmt zu spät!" Ich gerate also unter mehr oder weniger starke Spannung.
Die Ursache ist, daß zum gleichen Thema (Flug nach Mallorca) zwei Programme aktiv sind. Das erste lautet: "Du mußt spätestens um 11.30 Uhr am Flughafen sein, um rechtzeitig alles erledigen zu können." Das andere Programm lautet aber: "Du kommst zu spät und verpaßt das Flugzeug, und die ganzen Ferien sind im Eimer."
Was passiert nun mit der Spannung, die offensichtlich – und ich denke, jeder von uns hat schon einmal etwas Ähnliches erlebt – in solchen Augenblicken entsteht. Die Reaktion wird von Mensch zu Mensch verschieden sein: Der eine wird wütend auf den Koffer schlagen, der andere gegen das Auto treten, der nächste wird zetern und brüllen, ein anderer Magenschmerzen bekommen, wieder ein anderer Durchfall, Kopfschmerzen oder Herzstiche.
Wir erkennen jetzt, wie Spannung entsteht und wie sie individuell verarbeitet wird. Es gibt beliebig viele Beispiele: "Ich habe Flugangst und muß dennoch aus geschäftlichen Gründen eine Flugreise antreten." Jetzt werden wieder gleichzeitig zwei Programme aktiv: Das erste sendet die Impulse: "Steig bloß nicht in das Flugzeug ein, lauf lieber weg." Das zweite Programm sendet die Impulse: "Reiß dich zusammen, du mußt da rein – schließlich hast du einen Job." Die Folge ist häufig Herzklopfen, Schweißausbrüche, Schwindel, Durchfall oder ähnliches.
In einer Familie wird über den nächsten Urlaub gesprochen. Der Vater möchte in den Süden reisen, die Mutter in den Norden. Keiner gibt nach. Es wird eine enorme Spannung entstehen, die sich auf vielerlei Arten äußern kann. Das Spektrum der Möglichkeiten mag sich jeder selbst denken.

Spannung entsteht also, wenn gleichzeitig zwei oder mehrere Programme zum gleichen Vorhaben aktiviert werden, die teilweise oder völlig unterschiedliche Wirkung haben. Infolge der sich aufbauenden Spannung kann Energie fließen, die sich individuell auswirkt. Diese Energie kann auf der Wortebene entladen werden (Verbalisieren, sich Aus-Drükken), auf der Handlungsebene (Dramatisieren, "Dampf ablassen", sich abreagieren) oder auf der Körperebene (Somatisieren, Anzeichen körperlicher Symptome oder Krankheiten). Mehr darüber im nächsten Kapitel.

Verbalisieren – Dramatisieren – Somatisieren

Wir haben erfahren, wie aus einem Impuls der Ich-Ebene Vorstellungen entstehen können, die über die Wortebene ausgedrückt oder über die Ebene des Tuns und Handelns bis in die Ebene der Materie, also des Habens, gelangen können.

Nehmen wir zunächst die Ebene der Vorstellungen. Hier gibt es bereits viele Behandlungsansätze, wie zum Beispiel die Visualisierungstherapien[3]. Versuche ich, einen Gedanken beziehungsweise Vorstellungsbereich einem anderen Menschen mitzuteilen, so drücke ich im allgemeinen diesen Gedanken in Worten aus. Wir haben damit eine Umsetzung von Gedankenenergie in Worte (Aus-Druck), die gewöhnlich Verbalisieren[4] genannt wird. Auf diese Weise kann ich Programmierungsfehler im Vorstellungsbereich beheben, wie ich es bereits beschrieben habe. Ich werde später noch genauer darauf eingehen.

Kommen wir nun zum Dramatisieren. Das Wort Drama hat seinen Ursprung im Griechischen und bedeutet Handlung. Auf der Ebene der Dramatisierung werden Energien nicht über Worte, sondern über Tun und Handeln ausgedrückt.

Eine schöne Vorstellung von dem, was beim Dramatisieren abläuft, bekam ich kürzlich beim Joggen. Ich hatte mich kurz zuvor über meine Frau geärgert. Während ich nun anfing, um den Stadtpark zu laufen, stiegen wie vor einem inneren Bildschirm die entsprechenden Gedanken und Emotionen hoch. Immer wieder traten die soeben erlebten Vorgänge vor mein geistiges Auge, verbunden mit Wut und Ärger. Assoziativ[5] verknüpften sich diese Emotionen mit anderen, meist ähnlichen Gedanken und Emotionen. Es war, als ob ein innerer Film in mir ablief.
Nachdem ich eine Weile gelaufen war, nahm der ganze Ärger immer mehr an Intensität ab und wurde mir mehr und mehr gleichgültig. Schließlich war der ganze Ärger soweit entladen, daß ich wieder anfing, meine Aufmerksamkeit auf die Umgebung zu lenken und verschwendete keinen weiteren Gedanken an diese "Kleinigkeit".
Der Vorgang, der mich zuvor geärgert hatte, war offensichtlich entspannt und damit erledigt.
Ein weiteres Beispiel habe ich "am eigenen Leibe" erlebt. Ich hatte sehr starke Schmerzen im linken Knie und konnte kaum noch gehen. Ich bekam eine Massage des linken Beines, um die Schmerzen zu beheben.
Während ich so auf der Massagebank lag und mein Bein massiert wurde, überkam mich ein unwiderstehliches Mitteilungsbedürfnis. Die schwere Krankheit einer Patientin belastete mich sehr stark. Ich redete und redete. Schließlich hatte ich mir alles von der Seele gesprochen, was mich in diesem Zusammenhang so sehr beschäftigte und belastete. Ich wurde innerlich ganz ruhig. Gleichzeitig waren alle Schmerzen aus meinem linken Bein und linken Knie verschwunden!
Nachdem ich ähnliche Dinge mehrfach erlebt hatte, wurden mir die Hintergründe dieses Vorgangs klar. Durch Bewegung — aktiv wie passiv — scheinen wir Gedanken und Emotionen "loszutreten", die dann vor unserem geistigen

Auge wie ein Film ablaufen. Durch diese Vorstellung wird auch der entspannende Aspekt des Joggens, des Tennisspielen, des Sports, ganz allgemein der Bewegung, verständlich. Es wird auch verständlich, daß die meisten Leute, nachdem sie wegen irgendeines Ärgers einen "wahren Tanz" aufgeführt haben, anschließend wieder ruhig und entspannt sind.

Dramatisieren ist also eine Form der Energieverarbeitung, die hilft, uns in seelischem Gleichgewicht zu halten.

Mir wurde noch etwas anderes klar: Gedanken und Vorstellungen scheinen sich nicht nur auf das Gehirn zu projizieren, sondern auf jeden Bereich des Körpers. Angeregt durch diese Idee fand ich auch eine Behandlungsmöglichkeit von körperlichen Beschwerden, die ich in dem später folgenden Kapitel "Programme und Raum" noch genauer beschreiben werde.

Wenn wir, nachdem wir unsere Emotionen "ausdramatisiert" oder über die Sprache ausgedrückt haben, genau auf unsere Gedanken achten, so kann es uns gelingen, unseren eigenen gedanklichen Falschprogrammen auf die Spur zu kommen, nämlich den Gedanken, die den ganzen Ärger, den Streit, die Aufregung und dergleichen ausgelöst haben. Dies kann zum Beispiel der Gedanke sein: "Keiner tut, was ich will" oder "Keiner mag mich" oder "Ich kann mich nicht dagegen wehren". Wir haben hier eine Möglichkeit, den eigenen Programmen auf die Schliche zu kommen.

Wird die Energie, die vom Ich ausgeht, nicht über das Verbalisieren oder das Dramatisieren verarbeitet, so geht sie auf die Körperebene über. Das nennen wir Somatisieren[6]. Dann verursacht die Energie entweder die vielen uns bekannten Beschwerden, wie zum Beispiel Magendrücken, Ziehen in der Nierengegend, Reißen, Stechen, Brennen oder kann sogar ein entsprechendes körperliches Programm auslösen (vergleiche dazu auch die Erläuterungen im Anhang).

Störung auf den einzelnen Ebenen

Wir haben erkannt, daß psychische, psychosomatische und eventuell sogar somatische Störungen durch Programme entstehen, deren Ursprung und Auftreten uns in den meisten Fällen nicht bewußt sind. Wir haben erfahren, daß der Mensch unter Spannung gerät, wenn bei einem geplanten Vorgang mindestens zwei verschiedenartige oder sogar entgegengesetzte Programme aktiv sind. Wir haben erkannt, wie wir diese Spannung auf den einzelnen Ebenen durch Verbalisierung und Dramatisierung abbauen können.
Wie kommt es nun dazu, daß der eine über seine Probleme sprechen kann, der andere die Spannungen zumindest dramatisiert, beim nächsten sich das Ganze aber in körperlichen Beschwerden niederschlägt?
Rufen wir uns erneut unser Gedankenmodell in Erinnerung, wie ein Impuls aus der Ich-Ebene bis in die Ebene des Habens gelangen kann.
Schauen wir uns an, welche Störungen in den einzelnen Ebenen möglich sind. Zunächst haben wir die Ich-Ebene. Störungen äußern sich häufig als Phänomen einer gespaltenen Persönlichkeit, wie zum Beispiel der Schizophrenie[7]. Auf diesen Bereich habe ich meine Untersuchungen nicht ausgedehnt und kann deshalb über Störungen in diesem Bereich keine Aussagen machen.
Die nächste Ebene ist die Ebene der Gedanken und Vorstellungen. Sie umfaßt auch rein geistige Qualitäten wie Absicht, Wille und Ziel. Störungen in diesem Bereich sind in den Gesprächen relativ leicht zu erkennen. Sie äußern sich in Sätzen wie: "Ich weiß es nicht." – "Ich kann es mir nicht vorstellen." – "Das habe ich vergessen."
Wenn Störungen dieser Art vorliegen, so haben wir Teile unserer Gedanken- und Vorstellungswelt aus unserem Bewußtsein verdrängt, sozusagen vor uns selbst versteckt. Dieses Verdrängen und Absperren vor uns selbst geschieht

ganz einfach durch Gedanken oder Vorstellungen, von denen ich eine kleine Auswahl aufgeführt habe. Wer kennt nicht die Geschichte des Verbrechers, der – und das sogar glaubwürdig – sich einfach an nichts erinnern kann? Wer hat nicht selbst schon einmal erlebt, daß er etwas getan hat, wovon er anschließend nichts mehr weiß – und im Grunde auch nichts wissen will?
Durch diese Störungen der Gedanken- und Vorstellungsebene stehen uns zwei Wege offen, wie vom Ich ausgehende Impulse verarbeitet und weitergeleitet werden, nämlich der bewußte Weg und der uns nicht mehr bewußte Weg. Wir haben damit Impulszentren, deren Aktivität der Kontrolle unseres Ich entzogen ist. Das bleibt natürlich nicht ohne Auswirkungen.
Wir hatten die Gedanken- und Vorstellungsebene mit dem Softwarebereich des Computers verglichen. Dieser Bereich ist den übrigen Ebenen übergeordnet. Bekommen wir eine bestimmte Vorstellung, beschließen wir also ein bestimmtes gedankliches Programm, so wird sich das auf der nächsten Ebene, zum Beispiel der Ebene des Tuns und Handelns, auswirken. Nehmen wir den Gedanken "Letzten Endes muß ich doch alles alleine machen". Dieser Gedanke wirkt wie eine Schablone, die unsere Wahrnehmung einschränkt und nur solche Dinge zuläßt, die zu diesem Programm passen. Dann werden wir auch in der äußeren Wirklichkeit erleben, daß wir "letzten Endes alles allein machen müssen".
Aus derartigen gedanklichen Programmen entsteht also, was wir als Fehlverhalten bezeichnen können. Werden wir auf derartiges Fehlverhalten hingewiesen, so werden wir zunächst alles tun, um es zu begründen und zu rechtfertigen. Solange wir nicht bereit sind, das hinter dem Fehlverhalten liegende gedankliche Programm zu ändern, solange hat dieses Programm Macht über uns und wird mit allen Mitteln versuchen, sich durchzusetzen.
Entstammen unsere gedanklichen Programme gar aus dem

uns nicht mehr bewußten Bereich, also dem Bereich, den das Ich quasi vor sich selbst abgesperrt und versteckt hat, so wird das Ganze noch komplizierter.
Kommen wir zur nächsten Ebene, der Ebene der Entscheidung, etwas vom Inneren – zum Beispiel eine Vorstellung – in das Äußere, also in die Tat, umzusetzen. Störungen in diesem Bereich können wir an Sätzen erkennen wie "Ich kann mich nicht entscheiden." – "Ich bin im Zweifel." – "Ich weiß nicht, was richtig ist."
Eine wichtige Ebene haben wir bereits kennengelernt, das ist die Ebene der Worte, des Aus-Drucks, des Aussprechens, des Verbalisierens. Störungen in diesem Bereich erkennen wir gut an Sätzen wie "Ich kann das nicht sagen." – "Darüber mag ich nicht sprechen." – "Darüber darf ich nicht reden." Dann wissen wir, daß in Bezug auf ganz bestimmte Themen oder Lebensbereiche eine Blockade vorliegt. Daß die Patienten intuitiv[8] ein unterschwelliges Wissen über diese inneren Vorgänge haben, wurde mir in der Praxis durch zahlreiche Fragen klar, die Patienten häufig stellen: "Was sagt denn mein Röntgenbild?" (in Bezug auf die Lunge) oder "Was sagt denn mein EKG?" (in Bezug auf mein Herz).
Die Unterdrückung des Verbalisierens von Dingen wird nicht selten durch die Gesellschaft provoziert und aufrecht erhalten, indem ganze Themenbereiche tabuisiert[9] werden – "Darüber spricht man nicht" –, wie zum Beispiel der Bereich des Sexuellen. Hier finden wir auch Unterdrückungsmechanismen, die innerhalb von Familie und Erziehung vorhanden sind: "Wehe, wenn du darüber sprichst!" – "Das darfst du aber niemandem erzählen!". Diese Sätze, meist in bedrohlichem Ton gegenüber Kleinstkindern ausgesprochen, können später enorme Auswirkungen haben.
Störungen auf der Ebene des Tuns und Handelns haben ihre Ursache immer im Bereich der Gedanken- und Vorstellungsebene. Solange ich ein Programm wie zum Beispiel "Ich

mag hier nicht mehr bleiben." in die Tat umsetzen, also dramatisieren kann, solange werde ich nicht unter innere Spannung geraten. Schlimm wird es erst dann, wenn dies nicht mehr möglich ist, wenn also zum gleichen Thema zwei entgegengesetzte Programme aktiv sind wie "Bleib hier!" plus "Geh weg!". Dies erleben wir zum Beispiel, wenn ein Patient mit Platzangst mit einem Fahrstuhl fahren muß. Dann können wir körperliche Auswirkungen beobachten wie Schweißausbrüche, Zittern und Herzrasen.

Nun sind wir auf der Ebene des Habens, der der körperlichen Vorgänge, angelangt. Wir können nun verstehen, daß körperliche Symptome auftreten, wenn ein von der Ich-Ebene ausgehender Impuls durch entsprechende Störungen auf keiner Ebene richtig verarbeitet werden kann. Dann entlädt sich die Impulsenergie auf den Körper.

Ich möchte ein paar Beispiele für Falschprogrammierungen im Software-Bereich, also im gedanklichen Bereich, anführen und auch in diesem Zusammenhang die Hypnose als Erklärungshilfe nehmen.

Wenn man jemanden hypnotisiert, das heißt sein bewußtes Ich ausschaltet, dem Betreffenden dann auf den Kopf pocht und ihm dabei sagt "Dein Magen tut weh!", so wird diese Fehlverknüpfung im Software-Bereich aufgenommen. Diese Fehlverknüpfung lautet: "Wenn dir jemand auf den Kopf haut, so tut dein Magen weh". Dies ist auch als sogenannter posthypnotischer Befehl bekannt. Wenn ich nun dem Betreffenden in wachem, also bewußtem Zustand auf den Kopf haue, so wird ihm der Magen wehtun. Wir haben ihm also eine Falschprogrammierung eingegeben.

Ein anderes Beispiel: Wenn man jemanden hypnotisiert und ihm sagt "Immer wenn ich mir an die Nase tippe, dann mußt du deine Schuhe ausziehen", so ist dieser Befehl als posthypnotischer Befehl unterhalb der Bewußtseinsschwelle eingegeben. Im wachen, bewußten Zustand wird sich der Betreffende jedesmal die Schuhe ausziehen, wenn ich mir

an meine Nase tippe. Tut er es nicht, so wird sein vegetatives Nervensystem versuchen, ihn zu zwingen, diesen Befehl auszuführen. Er bekommt Herzklopfen, Schweißausbrüche und fühlt sich sehr unwohl. Weil ihm der Auslösemechanismus nicht bewußt ist, wird er nach einer Rechtfertigung dafür suchen, warum er ausgerechnet jetzt die Schuhe auszieht. Vielleicht wird er sagen, daß ihn die Schuhe drücken.
Ein weiteres, bereits erwähntes Beispiel: Wenn man jemanden hypnotisiert, ihm irgendetwas auf die Handfläche legt und dazu sagt, daß dieses ein heißes Kohlestück sei, so wird sich an dieser Stelle eine Brandblase bilden. Die Vorstellung "heißes Kohlestück" hat sich also in eine körperliche Erscheinung umgesetzt.
Wir erkennen aus diesen Beispielen, daß Worte, die bei Ausschaltung unseres Bewußtseins zu uns gesprochen werden, im sogenannten Software-Bereich verankert werden und sogar in jenem Software-Bereich Befehlsgewalt erhalten, der automatische Kontrolle über lebenswichtige Bereiche erhält, die normalerweise unserem freien Willen nicht zugänglich sind.
Kommen wir zu einem authentischen Beispiel aus der Praxis: Eine Patientin ist unglücklich in ihrer Ehe. Sie hat das Gefühl, mit ihrem Mann nicht sprechen zu können (Programm!). Sie beschließt, aus der Ehe auszubrechen ("Ich gehe weg"). Mit ihrem Liebhaber geht sie in ein Hotel. Während sie schon halb entkleidet im Bett sitzt, klopft es an der Tür. In der Vorstellung, daß es der Zimmerservice sei, öffnet der Liebhaber die Tür. Vor der Tür steht der Ehemann. Er stößt die Tür auf und schlägt den Liebhaber zu Boden.
Der Ehemann geht, außer sich vor Zorn, auf seine Frau zu und schreit sie an: "Entscheide dich, ob du bei diesem Typen bleiben willst oder mit mir nach Hause kommst!"
Die Frau steht unter Schock. Willenlos gehorcht sie ihrem Mann und kehrt mit ihm nach Hause zurück.
Jetzt ist bei ihr auch die Ebene des Tuns und Handelns

abgesperrt, um den Beschluß "Ich gehe weg" auszuführen. Da bereits zuvor die Ebene des Sprechens blockiert war, der Beschluß "Ich gehe weg" aber bestehen bleibt, gerät die Frau unter eine enorme Spannung. Sie wird kurz darauf schwer krank. Ein Jahr später stirbt sie. Der Beschluß "Ich gehe weg" hat sich auf tragische Weise durchgesetzt.

Organische Erkrankungen

Das Schema vom Aufbau des Menschen und dem Weg der Impulse könnte eine gute Erklärung auch für die Entstehung organischer Krankheiten darstellen (vergleiche auch die Erläuterungen im Anhang).
In der Tat gelang auch bei leichten organischen Störungen eine regelmäßige Besserung oder gar Beseitigung durch Aufdecken der dahinterliegenden Gedanken und Emotionen. Je "organischer" jedoch die Erkrankung war, umso höher war die Mißerfolgsquote und umso kürzer die Erfolgsdauer. Somit stellt das hier vorgestellte Erklärungsmodell einschließlich der damit verbundenen Behandlungsmaßnahmen keine Alternative zur heutigen Medizin dar. Ich möchte hier also keinesfalls falsche Hoffnungen wecken!
Dennoch ist es meiner Ansicht nach ebenso wahrscheinlich wie wünschenswert, daß auf diesem Gebiet noch zahlreiche neue Erkenntnisse gesammelt werden. Dazu bedarf es der intensiven Forschung. Die Grundvoraussetzung dafür ist es, die Idee des unmittelbaren Aufeinanderwirkens der genannten Ebenen, den Weg der Impulse, zunächst gedanklich für möglich zu halten, sie also als These zu akzeptieren. Die bisher geschilderten Fallbeispiele und meine theoretischen Ausführungen über deren Hintergründe und Zusammenhänge haben dazu, so hoffe ich, den ersten Schritt geleistet.

Falsche Lösungen

Die meisten Menschen haben Probleme. Dabei gibt es eigentlich gar keine Probleme. Es gibt nur falsche Lösungen! In dem Kapitel über die Entstehung von Spannung beim Menschen haben wir die Struktur eines Problems aufgedeckt: Zu einem Thema sind mindestens zwei verschiedenartige oder sogar völlig entgegengesetzte Programme aktiv. Dabei gerät der Mensch unter Spannung. Da die Programme aus einer hierarchisch übergeordneten Ebene ihre Impulse aussenden, haben sie sozusagen Befehlsgewalt über die darunterliegenden Ebenen. Wir müssen ihnen gehorchen, solange wir die Programme aufrechterhalten. Bei verschiedenen Programmen zum gleichen Thema wird die Sache schwierig. "Bleib hier!" und "Geh weg!" zum Beispiel lassen sich nicht gleichzeitig ausführen. Wir geraten deshalb unter Spannung und – haben ein Problem.

Die richtige Lösung hierfür wäre, den Programmen auf die Spur zu kommen und zumindest eines der Programme auf der richtigen Ebene aufzudecken und zu löschen. Wenn zu einem Thema nur noch ein Programm aktiv ist, so können wir es zumindest in die Tat umsetzen, es also dramatisieren, und geraten nicht mehr unter Spannung.

Das wäre eine gute Lösung, doch leider wählen wir zu oft eine falsche Lösung. Hierzu wieder ein authentisches Beispiel aus der Praxis:

Ein Mann macht sich in seinem Beruf selbständig und beginnt, mit einem Bekannten ein Unternehmen aufzubauen. Ihm unbewußt ist eine Vorstellung, die sich in seiner frühen Kindheit in Bezug auf seinen Vater eingeprägt hat: "Ich kann seinen Erwartungen nicht entsprechen." Dieses Programm wird nun in der geschäftlichen Partnerschaft bei entsprechender Gelegenheit aktiv. Es verstärkt sich bei jeder inneren und äußeren Schwierigkeit, bei den kleinen und großen Reibereien, die bei beruflichen wie auch privaten Gemeinschaften ganz unvermeidlich sind. Ganz gleich, was dieser Mann macht, das Programm signalisiert ihm: "Ich kann den Erwartungen des anderen nicht entsprechen." Er gerät unter hohe Spannung. Natürlich sucht er die Ursache für diese Spannungen in äußeren Dingen, natürlich sucht er die Schuld beim anderen, da die eigentliche Quelle der Spannungen vor seinem Bewußtsein verborgen ist. Einerseits möchte er mit seinem Partner ein erfolgreiches Geschäft aufbauen, andererseits kann er seiner Überzeugung nach nicht den Erwartungen entsprechen.

Die richtige Lösung wäre das Aufdecken und Löschen zumindest eines der Programme. Doch leider wählt er eine falsche Lösung. Um die enorme innere Spannung überhaupt noch ertragen zu können, greift er zum Alkohol. Dies bringt bekanntlich nur vorübergehende Erleichterung und führt zum Konsum immer größerer Alkoholmengen. Die Folgen sind unvermeidlich: Zerbrechen der Partnerschaft, finanzieller Ruin und ein neues "Problem" — Alkoholismus.

Mit dem sogenannten Alkoholproblem haben wir ein sehr gutes Beispiel für die Wahl einer falschen Lösung. Seitdem ich dies weiß, ergab sich in der Praxis eine völlig neue Möglichkeit, Alkoholkranken zu helfen. Ich wußte, daß Alkohol nur dazu diente, um innere Spannungen zu ertragen. Für den Patienten ist es seine, wenn auch falsche Lösung, um sein Leben überhaupt noch ertragen zu können. Versucht man, dem Betreffenden seine Lösung, seine Krücke, wegzunehmen, so wird der Alkoholkonsum eher zunehmen. Man drückt ihn förmlich tiefer in sein neues Problem.

Ich erkläre dem Patienten die Zusammenhänge und weise ihn darauf hin, daß Alkohol nicht das eigentliche Problem, sondern ein Lösungsversuch ist, allerdings ein nicht gerade günstiger. In der Regel ist der Patient sehr erleichtert, und wir kommen sehr schnell auf das zu sprechen, was als Spannungsquelle(n) vorhanden ist. Werden diese Spannungsquellen aufgedeckt und eventuell sogar aufgehoben, so läßt der Alkoholkonsum nach meinen Erfahrungen in der Regel von ganz alleine nach. Nach aktiver Auseinandersetzung mit den wahren Ursachen bestimmter Verhaltensweisen bedarf es keiner moralisierenden Belehrungen mehr. So ist zum Beispiel der Alkoholismus ein verzweifelter Lösungsversuch in eine völlig falsche Richtung. Dies gilt auch für anderes Suchtverhalten: Rauchen, Medikamentenmißbrauch, Drogensucht und falsche Vorstellungen wie "Keiner hilft mir." — "Jeder denkt doch nur an sich." — "Ich werde nie wieder mit meiner Mutter reden." — "Heute klappt aber auch gar nichts."

Falsche gedankliche Lösungen kann man leicht erkennen an Worten wie "keiner, alles, immer, nichts, jeder". Wenn jemand denkt "Ich werde immer betrogen", so wird er jedem Menschen gegenüber mißtrauisch sein. Die Folgen können wir uns leicht ausdenken.

Wir haben nun gesehen, wohin falsche Lösungen führen, nämlich zu immer neuen Problemen, die dann wiederum zu weiteren falschen Lösungen führen.

Kommen wir nun von der falschen Lösung zu deren Ausgangspunkt, dem sogenannten Problem. Die Struktur des Problems besteht in zwei zum gleichen Thema aktivierten verschiedenartigen Programmen. Untersuchen wir diese Programme, so wird sich möglicherweise herausstellen, daß diese selbst auf einer falschen Lösung beruhen. Entsprechen die Programme jedoch keiner falschen Lösung, so sind wir auf das eigentliche Wesen des Menschen gestoßen, das heißt auf die Programme, die in Übereinstimmung mit den geistigen und physikalischen Naturgesetzen stehen. Hier kommen wir in den Bereich der Physik, der Philosophie und eventuell der Religion.

In diesem Fall liegt es dann an jedem selbst, seine Einstellung, Überzeugung und die Lösungsmöglichkeiten seiner Probleme zu finden.

Die Professionalisierung des eigenen Leidens

An der Universitätsklinik Hamburg-Eppendorf gab es einen berühmten Chirurgen und Krebsforscher, der sich sein ganzes Leben mit der wissenschaftlichen Erforschung der Ursache und Therapie des Magenkrebses beschäftigt hatte. Er starb relativ früh selbst an Magenkrebs.
Wir alle kennen Mildred Scheel, die – selbst Ärztin – einen Großteil ihrer Lebensenergie für die Krebshilfe eingesetzt hat. Sie starb an Krebs.
Kürzlich starb ein bekannter Forscher, der seine Arbeit insbesondere den psychosomatischen Aspekten des Krebses gewidmet hatte, ebenfalls an dieser Erkrankung. Ein berühmter Hamburger Nierenforscher erlag einem Nierenversagen, ein ebenso bekannter Hamburger Leberspezialist einem Leberversagen.
Ein Kollege von mir ist Rheumatologe und beschäftigt sich mit den Krankheiten des Bewegungsapparates. Eines Tages erlebte er am eigenen Leibe, wie es ist, wenn man sich eines Tages nicht mehr rühren kann – er mußte sich an der Wirbelsäule operieren lassen.
Dieses Phänomen der Erkrankung an eben der Krankheit, die man beruflich erforscht und zu therapieren sucht, nennt man Professionalisierung[10] des eigenen Leidens. Was ist die Ursache für dieses Phänomen?
Wir haben erfahren, daß viele Impulse und Vorstellungsinhalte aus dem unbewußten Teil des Ich kommen. Nehmen wir einmal an, aus diesem Bereich des Ich kommt ständig der Impuls und Vorstellungsinhalt "Ich kann mich nicht mehr rühren". Dieser Vorstellungsinhalt ist uns nicht bewußt. Intuitiv werden wir allerdings ständig an diese Problematik erinnert, und wir fangen an, nach den Ursachen zu suchen. Da uns die eigentliche Ursache verborgen bleibt, suchen wir im Äußeren danach, wie zum Beispiel in der materiellen Welt, als Mediziner in der Welt des Organis-

mus. Wir suchen also auf der falschen Ebene. Durch diese Beschäftigung mit dem Thema "Ich kann mich nicht mehr rühren" wird der unbewußte Impuls immer häufiger ausgelöst. Erfolgt keine richtige Verarbeitung (Verbalisierung, Dramatisierung), so kommt es schließlich zur Somatisierung. Wir erleben dann im Äußeren, also an unserem eigenen Körper, genau das, wovor wir uns ständig insgeheim am meisten gefürchtet haben. Wie sagte doch Hiob: "Das, wovor ich mich am meisten gefürchtet habe, das ist über mich gekommen."

Die einzig wirksame Abhilfe liegt darin, die hinter unserem Tun und Handeln liegenden Absichten und Vorstellungen aufzudecken und die Impulsauslöser wieder unserem bewußten Ich zugänglich zu machen.

Identifizierung und Übereinstimmung

Sich identifizieren bedeutet, sich mit etwas gleichzusetzen. Das ist eine gefährliche Angelegenheit. Lassen Sie uns überlegen, warum das so ist.

Bereits als junger Medizinstudent hörte ich von erstaunlichen Krankheitsgeschichten. Menschen, die lange miteinander gelebt hatten, erkrankten an den gleichen Leiden und starben schließlich an der gleichen Krankheit. Es fiel der Ausdruck "cancer à deux" – "Krebs zu zweit" angesichts der Tatsache, daß ein Ehepartner an Magenkrebs starb und kurze Zeit darauf der andere Ehepartner das gleiche Schicksal erlitt.

Ich selbst habe später ein eindrucksvolles Beispiel hierfür erfahren. Ich betreute eine an Lungenkrebs erkrankte Patientin. Da die Krankheit infolge gleichzeitigen Leberbefalls bereits weit fortgeschritten war, starb die Patientin. Wenig später erfuhr ich, daß der Ehemann, den ich nur wenige

Wochen zuvor scheinbar gesund am Krankenbett seiner Frau erlebt hatte, bei der Beerdigung seiner Frau nicht anwesend war. Er lag bereits selbst krank danieder und starb sieben Tage nach dem Tod seiner Frau an genau der gleichen Erkrankung, ebenfalls bei gleichzeitigem Befall der Leber.

Ein noch viel erschütternderes Beispiel erfuhr ich kürzlich von einem Kollegen. Jahre zuvor hatte ich in der Praxis eine relativ junge, an Lymphdrüsenkrebs erkrankte Patientin behandelt, leider ohne Erfolg. Wenige Wochen vor ihrem Tod erblindete sie auch noch auf ihrem linken Auge. Während der Behandlung in unserer Praxis erschien die Patientin häufig in Begleitung ihres Ehemannes. Dieser Mann war Sportlehrer, ein Athlet durch und durch, und scheinbar durch nichts umzuwerfen. Jetzt erfuhr ich, daß dieser Mann ein Jahr nach dem Tod seiner Frau ebenfalls an Lymphdrüsenkrebs erkrankt war, massiv behandelt werden mußte und jetzt auf dem gleichen Auge blind geworden war wie zuvor seine Frau.

Für diese scheinbar mysteriösen Zufälle, die wir auch Duplizität[11] der Ereignisse nennen, könnte ich noch eine ganze Reihe weiterer Beispiele nennen. Doch was ist der Grund dieser Duplizität der Ereignisse?

Die Antwort heißt: Identifizierung und Übereinstimmung. Wenn ich mich mit jemandem identifiziere, das heißt gleichsetze, so entsteht in mir das gleiche Gedanken-, Vorstellungs- und Emotionsmuster wie bei dem anderen. Offensichtlich kann dies bei mir die gleichen Prozesse bis hin zu schwerer organischer Erkrankung auslösen. Ich kann also sagen, daß es gefährlich ist, sich mit anderen zu sehr zu identifizieren, daß es gefährlich ist, kritiklos mit dem, was an Gedanken und Emotionen auf mich zukommt, übereinzustimmen.

Ich werde häufig gefragt, wie ich denn meinen Beruf ertrage, diese vielen schwerkranken Leute, die mir ihr Leid erzählen, und deren Krankheit ich so hautnah miterlebe.

Mein Geheimnis: Ich identifiziere mich mit nichts und niemandem. Ich bin mir immer dessen bewußt, daß nicht ich der Kranke bin. Das mag sich vielleicht lieblos und arrogant anhören, dennoch kann ich nur so die Belastung meines Berufes ertragen, ohne selbst Schaden an Leib und Seele zu nehmen. Mein Motto ist: Mitgefühl ja — Mitleiden nein — Identifizieren auf keinen Fall!

Wie schwierig das manchmal sein kann, habe ich selbst erfahren. Eines Tages saß ein an Lungenkrebs erkrankter Mann vor mir im Sprechzimmer. Ein Blick auf die Karteikarte zeigte mir, daß er im gleichen Monat und Jahr geboren war wie ich.

Ich dachte: "Wieso ist dieser Mann an Krebs erkrankt und nicht du?" Und ich merkte, wie mich der Gedanke bedrängte und belastete: "Das könnte dir genauso passieren" (Identifizierung!). Natürlich wehrte ich mich gegen diesen Gedanken. Dennoch tauchte die Vorstellung auf, selbst krank zu werden und sterben zu müssen. Ich dachte an meine Familie, an meine Kinder. Bei dem Gedanken, sie verlassen zu müssen, fing ich an zu weinen. Ich begann daraufhin, mich mit Krankheit, Leben und Sterben intensiv auseinanderzusetzen, bis ich schließlich meine Angst vollständig verloren hatte. Seither kann ich jedem Kranken in der Praxis ruhig gegenübersitzen, denn schließlich braucht er meine Hilfe und nicht mein Mitleid(en).

Vorsicht also vor Identifizierung und Übereinstimmung! Dies gilt nicht nur für den Bereich körperlicher Erkrankungen. Es gilt genauso im Bereich der Vorstellungen, der gedanklichen Festlegungen und Entscheidungen. Hier muß gelten: keine kritiklose Übernahme der Gedanken, Vorstellungen und Emotionen anderer Personen, keine übereilte Übereinstimmung, keine Identifizierung. Andernfalls könnte es möglich sein, daß ich die Programme eines anderen übernehme, vielleicht sogar, ohne mir dessen bewußt zu sein.

Leider erleben wir in der Praxis oder im Alltag immer wieder, daß diese Regel selten befolgt wird. Wir hören dann Ausdrücke wie "Er ist wie seine Mutter" oder "Ganz der Vater". Wir erleben bei Kindern, daß sie mit Wutausbrüchen versuchen, ihren Willen durchzusetzen, ganz genau, wie sie das bei ihren Eltern gesehen haben.

Gesundes Bewußtsein – bewußte Gesundheit

Warum tun wir so viele Dinge rein impulsiv, ohne uns der Ursache bewußt zu sein? Warum treten so viele Verhaltensstörungen, körperliche Symptome bis hin zu organischen Erkrankungen auf, deren Ursprung für uns im Unklaren, im Verborgenen liegen?
Auf diese Fragen gibt es zwei Antworten. Ein Teil der Dinge, die uns nicht mehr bewußt sind, sind zu einer Zeit geschehen, da unser Bewußtsein kaum oder noch zu wenig entwickelt war, nämlich in der Zeit der frühen Kindheit. Programme werden dann mehr als Empfindungen gespeichert – wie beispielsweise das Gefühl der Ablehnung – und können erst später in Gedanken und Worten ausgedrückt werden. Doch auch diese Bereiche können im Gespräch aufgedeckt und in ihrer Wirkung aufgehoben werden!
Die zweite Antwort, warum uns viele Dinge nicht bewußt sind, ist verblüffend einfach: Wir selbst haben sie zu irgendeinem Zeitpunkt unseres Lebens vor unserem Bewußtsein verborgen und abgesperrt.
Wie bereits erwähnt, kann diese Blockade durch die unterschiedlichsten Gedanken erfolgen, wie zum Beispiel "Davon will ich nichts mehr wissen." – "Das kann man wohl vergessen." –"Ich kann diese Dinge einfach nicht behalten." – "Davon darf aber keiner etwas erfahren (einschließlich mir selbst!)" – "Vergiß es!"

Nehmen wir als anschauliches Beispiel dazu den vielzitierten und gefürchteten Morbus Alzheimer, die sogenannte Alzheimersche Krankheit, eine Erkrankung, die zunehmenden Gehirnschwund zur Folge hat. Hierbei wird ständig ein Mechanismus aktiviert, der alles Geschehene einfach vergessen läßt. Über diesen Mechanismus kommt es auf der Körperebene, nämlich im Gehirnbereich, zu einer Rückbildung von Gehirnsubstanz, zu Gehirnschwund. An Symptomen finden wir Gedächtnisschwäche, Konzentrationsstörungen bis hin zur völligen Hilflosigkeit.
Ich gebe zu, daß meine Erklärung bisher nicht bewiesen ist, da ich erst mit einer Patientin diesbezügliche Gespräche geführt habe.
Diese Patientin, eine junge Frau von etwa vierzig Jahren, erzählte mir, daß sie große Angst davor habe, an Morbus Alzheimer zu erkranken, da diese Krankheit in ihrer Familie bereits aufgetreten sei.
Eine genaue Untersuchung des Gehirns ergab tatsächlich eine für dieses Alter erstaunliche Verminderung an Gehirnsubstanz. Die Patientin klagte darüber, daß sie ständig Dinge vergäße, was ihr schon ganz peinlich sei. Bei einem intensiven Gespräch stießen wir dann auf ein immer wiederkehrendes und in jeder Hinsicht aufschlußreiches Gedanken- und Vorstellungsmuster: "Ich vergesse alles, wofür ich persönlich Verantwortung tragen muß."
Wenn man sich diesen Satz einmal richtig vorstellt und sich ernsthaft darum bemüht, seine Bedeutung voll nachzuempfinden, so ist das Ergebnis erschreckend. Dieser Satz umfaßt nämlich alles, was die Patientin in Bezug auf sich selbst denkt, empfindet, tut und ausspricht. Und damit sperrt sie diesen gesamten Bereich ständig vor sich selbst ab. Die Folge ist eine zunehmende Gedächtnisstörung. Damit werden immer größere Bereiche ihres Lebens vor ihrem Bewußtsein verborgen, sie wird immer mehr Dinge tun, denken und sagen, ohne sich daran erinnern zu können.

Zugegeben, meine Erklärung für die Erkrankung ist spekulativ[12]. Dennoch ließen die Beschwerden und Gedächtnisstörungen der Patientin nach unseren Gesprächen eindeutig nach.
Nehmen wir ein weiteres Beispiel: Ein Kind hat Probleme mit seinen Hausaufgaben. Im Fach Mathematik begreift es selbst die einfachsten Zusammenhänge nicht. Die Mutter wird nervös, ungeduldig und schließlich wütend. Es entsteht eine große Spannung zwischen Mutter und Kind.
Letztendlich schreit die Mutter ihr Kind fürchterlich an: "Ach, vergiß es doch einfach!", läuft in die Küche und läßt ihr Kind allein in seiner Verzweiflung.
Das Kind ist durch diesen Spannungszustand und das Schreien der Mutter fast wie in einer Schocksituation. Der Befehl "Vergiß es doch einfach" gräbt sich tief in sein Unterbewußtsein ein. Von nun an wird sein Gedächtnis in Bezug auf Mathematik noch schlechter werden, es wird Zahlen kaum behalten können und beim Rechnen enorme Probleme bekommen. Als Erwachsener wird sich dieser Mensch wundern, warum er mit dem Ausstellen und Bezahlen von Rechnungen so große Schwierigkeiten hat und in dieser Hinsicht ständig Dinge vergißt. In Bezug auf Mathematik und Rechnen wird alles sofort mehr oder weniger stark mit dem Mechanismus belegt, der alle Informationen vergessen läßt und vor dem Bewußtsein verborgen hält. Die Ursache hierfür wird das Kind nicht erkennen können.
Wenn jemand also ein schlechtes Gedächtnis hat, so wird es sich meist nicht um ein allgemein schlechtes Gedächtnis handeln, sondern nur um ein schlechtes Gedächtnis in Bezug auf ganz bestimmte Dinge. Das ist der Bereich, der vor unserem Bewußtsein durch irgendein Programm abgesperrt ist. Trotzdem kann dieser Bereich aktiviert werden und Impulse aussenden, die dann impulsiv und scheinbar grundlos bei uns Verhaltensstörungen, Symptome oder sogar Krankheiten auslösen können.

Eine Rangfolge der Absichten

Absicht gehört in den Bereich der Gedanken- und Vorstellungsebene. Absicht nimmt innerhalb der anfangs beschriebenen Hierarchie der inneren Struktur des Menschen somit eine hohe Position ein. Hinter allem, was wir tun, scheint eine Absicht zu stecken.

Wenn wir die Leute reden hören, so zeigt sich, daß die Gesundheit einen sehr hohen Stellenwert hat, jedenfalls, wenn man von der Sprache ausgeht. Zum Geburtstag wünschen wir uns Glück und Gesundheit, ebenso an Sylvester ein gesundes Neues Jahr. "Hauptsache, man ist gesund", so heißt es oft, oder aber "Was nützt mir das alles, wenn ich nicht gesund bin?" Und in der Tat merken wir erst dann, was Gesundheit eigentlich bedeutet, wenn sie uns fehlt, das heißt, wenn wir krank sind.

Wenn wir dies alles zusammenfassen, so müßte in der Rangfolge der Absichten die, gesund zu sein und zu bleiben, an einer sehr hohen Position stehen. Doch weit gefehlt! Der Alltag in der medizinischen Praxis zeigt, daß es nicht so ist. Wieso?

Ich erinnere mich an einen Verwandten, der regelmäßig, wenn wir in gemütlicher Runde zusammensaßen und ihm im Gespräch nicht genügend Aufmerksamkeit geschenkt wurde, zu seinem Asthma-Spray griff und fast demonstrativ unter mehr oder weniger lautem Pfeifen sein Asthmamittel inhalierte. Die Folge war, daß er damit die gewünschte Aufmerksamkeit aller auf sich zog, denn jeder fragte, ob es ihm vielleicht nicht gut gehe.

Wenn ein Kind einmal erfahren hat, daß es die volle Aufmerksamkeit der Mutter bekommt, wenn es krank ist, so wird es sich dies merken, um bei passender oder unpassender Gelegenheit erneut auf ähnliche Weise Aufmerksamkeit und Zuwendung zu erhalten.

Auch wenn viele Mütter jetzt empört sind über eine derart

"lieblose" Ansicht, so könnte hierin einer der Hauptgründe für spätere Krankheiten zu suchen sein.
Meine Mutter hat mir diesen Mechanismus in frühen Jahren einmal gründlich verdorben, indem sie mir sagte: "Aha, der Junge möchte also wieder einmal bedauert werden." Darüber war ich so wütend, daß ich beschloß, von nun an nicht mehr krank zu werden. Meine Mutter hatte mir deutlich signalisiert, daß ich auf diesem Wege weder ihre Aufmerksamkeit noch ihre Zuwendung bekommen würde. Damals war ich wütend, aber heute bin ich ihr dankbar.
Wir erkennen zu unserer nicht geringen Überraschung, daß es höherwertige Absichten gibt als die, gesund zu sein und es zu bleiben. Eine dieser Absichten besteht darin, Aufmerksamkeit und Zuwendung zu bekommen. Wir sehen außerdem, daß auch hinter einer Krankheit sich eine Absicht verbergen kann. Neben der Absicht, Aufmerksamkeit und Zuwendung zu bekommen, gibt es viele weitere Varianten: Durch Krankheit kann ich mich dem Druck am Arbeitsplatz entziehen, ebenso der Verantwortung einer Aufgabe oder anderen Menschen gegenüber. Mittels einer Krankheit kann ich auch Macht ausüben. Wer kennt nicht das Beispiel, wo ein kranker Mensch die ganze Familie tyrannisiert und unter Kontrolle hält.
Merkwürdigerweise reagiert unsere Gesellschaft einheitlich auf Krankheit. Man läßt den Betreffenden in Ruhe, entschuldigt vieles, was man vorher nicht entschuldigt hätte, zeigt Mitleid, schenkt Aufmerksamkeit und Zuwendung, hat den fast schuldbewußten Impuls, helfen zu müssen — das sogenannte Helfersyndrom — und läßt sich schließlich sogar herumkommandieren. Wer einmal erlebt hat, wie nett alle Mitmenschen zu einem Kranken sind, der wird auf dieses Hilfsmittel nicht mehr gern verzichten mögen. Sigmund Freud ging sogar so weit, von einem Lustgewinn durch Krankheit zu sprechen.
Ich möchte hier nicht Lieblosigkeit und Ablehnung gegen-

über Kranken das Wort reden. Schon morgen kann jeder von uns — und hier kann ich mich nicht ausschließen — krank werden. Da hilft es dem Kranken wenig, wenn er abgelehnt oder vielleicht sogar geächtet wird. Wer krank wird, ist meistens blind für Absicht und Ursache seiner Erkrankung. Denn sonst wäre es ja nicht passiert. Da tut liebevolle Zuwendung gut, allerdings nicht Überfürsorge und Mitleid (welche Absichten verbergen sich dahinter? Sicherlich keine selbstlosen!), sondern eher Mitgefühl und Verstehen.
Es ist unsere menschliche Pflicht, jemandem zu helfen, der in Not geraten ist. Doch sollte uns auch ein Blick hinter die Kulissen der Manifestation von Krankheit, hinter die Kulissen des Tuns und Handelns, auf die Ebene des Ich, der Vorstellungen, Absichten und Ziele gestattet sein. Die mangelnde Kenntnis über diese Dimension[13] hat schon manchen Mediziner zur Verzweiflung bis hin zum Selbstmord getrieben, da er die Belastung seines Berufes nicht mehr ertragen konnte und ständig das Gefühl hatte, seiner Aufgabe als Heiler und Helfer nicht gerecht zu werden. Schließlich ist nicht nur Leidensdruck auf seiten der Kranken, sondern auch auf seiten der Helfer vorhanden.
Doch zurück zu den Absichten. Einige Leute haben gar nicht die Absicht, wieder gesund zu werden. Diese Erfahrungen werden bestimmt viele Kollegen bestätigen können. Die Häufigkeit dieses Phänomens schätze ich auf zehn bis zwanzig Prozent. Das ist recht hoch und eine der Hauptquellen für den Streß des Arztberufes, denn der Arzt hat schließlich die Absicht zu helfen. Hier steht Absicht gegen Absicht, eine fatale Situation, wie wir bereits aus den Ausführungen des Kapitel "Wie entsteht Spannung?" erfahren haben.
Doch was wollen die, die die Krankheit als Mittel zum Zweck auserkoren haben, eigentlich ? Ich möchte meine Erfahrungen über die möglichen Absichten, die hinter einer Krankheit stehen, hier einmal kurz erläutern.

1. Die Absicht zur Kommunikation

Wenn es einem Menschen nicht gelingt, auf üblichem Wege in Kommunikation zu seiner Umwelt zu treten, er aber erfährt, daß die Krankheit ein geeignetes Mittel dafür ist, so wird er dieses Mittel auch einsetzen. Den meisten Menschen ist dies gar nicht bewußt. Es liegt auch nicht in meiner Absicht, eine Schuldzuweisung zu betreiben. Diese Menschen wollen also nur über ihre Symptome reden. Wenn man ihnen diese Symptome "wegnimmt", so produzieren sie neue. Dies ist altbekannt, es gehört längst zum Erkenntnisstand der psychosomatischen Medizin.

2. Der Wunsch nach Zuwendung

Krank wird mancher auch in der Absicht, Zuwendung und Aufmerksamkeit zu bekommen. Diesen Punkt hatte ich ja bereits beschrieben. Auch hierbei tut man dem Patienten keinen Gefallen, wenn man ihm seine Symptome nimmt, da er dies mit einem Entzug von Zuwendung und Aufmerksamkeit gleichsetzt. Ich habe nicht selten erlebt, daß die Patienten dann noch kränker geworden sind. Denken wir nur an den eingebildeten Kranken bei Molière.

3. Die Absicht, Macht auszuüben

Nicht wenige, die einmal erfahren haben, wie sie durch Krankheit Kontrolle über ihre Umwelt bekommen, werden dieses Verhaltensmuster in ihr Repertoire aufnehmen. Ich glaube, daß ich hier kein Beispiel anführen muß, da viele dies schon leidvoll erfahren haben. Hier wird leider auch die Drohung mit Verschlimmerung der Krankheit – nach dem Motto "Wenn du das nicht machst, dann werde ich noch kränker" — und sogar dem Tod ausgesprochen. Ein gnadenloses Spiel, bei dem Kontrolle über den anderen ausgeübt wird und dies allein durch das Erzeugen von Schuldkomplexen. Hier finden wir auch die leichtere Variante, bei der zum Beispiel die Mutter ihren Kindern mit unheilschwangerer Stimme verkündet: "Jetzt habt ihr es wieder geschafft, daß ich Migräne habe."

4. Der Hilferuf

Wie kann ich am schnellsten Hilfe bekommen? Am besten, indem ich behaupte, daß mir sowieso niemand helfen kann. Jetzt werden viele Leute versuchen, mir zu beweisen, daß sie mir doch helfen können. Dies habe ich in der Praxis nicht selten erlebt: Ein neuer Patient kommt und berichtet, daß er schon bei vielen Ärzten gewesen sei, die ihm alle nicht helfen konnten. Und nun setze er sein ganzes Vertrauen auf mich.
Früher fühlte ich mich geschmeichelt durch dieses Vertrauen und habe mir besonders große Mühe bei der Behandlung gegeben, um dann zu erleben, daß ich über kurz oder lang in die Reihe der Nicht-helfen-Könnenden eingereiht wurde.

Da sich im Kopf des Betreffenden das Programm "Mir kann sowieso keiner helfen" festgesetzt hat, wird man mit seiner Hilfe dem Betreffenden ständig nur hinterherlaufen. In der Praxis benutze ich heute einen einfachen Test, um diese Gruppe erfassen zu können: Ich behaupte einfach, daß ich dem Patienten helfen kann. Die Patienten, bei denen das Programm "keine Hilfe" aktiv ist, werden mir beim nächsten Mal vorführen, daß es ihnen eigentlich noch schlechter geht. Gleiches gilt auch für medikamentöse Behandlungsversuche dieser Gruppe. Ich schätze, daß es schon viele

Ärzte zur Verzweiflung gebracht hat, wenn sie jemandem nicht helfen konnten und ihnen sogar noch vorgeführt wurde, wie es durch die Behandlung dem Betroffenen nur noch schlechter gegangen ist. Bei Unkenntnis dieses Grundmechanismus kann das bei dem behandelnden Arzt Ärger und Aggressionen auslösen oder eben Resignation.
Eine Variante dieser Methode erfuhr ich selbst durch eine Patientin, die offensichtlich das Programm "Mir glaubt sowieso keiner, daß es mir schlecht geht" verinnerlicht hatte. Somit war klar, daß es bei jedem Behandlungsversuch nur noch schlechter würde. Das hat sie dann auch dementsprechend demonstriert.
Aus alledem mußte ich lernen, daß es schwerwiegendere Absichten gibt, als gesund zu sein, ja daß es sogar höhere Absichten gibt als die, zu leben!
Weiter mußte ich lernen, daß hinter der Krankheit eine Absicht steckt, wie es auf Grund des in diesem Buch beschriebenen Gedankenmodells nicht überraschend ist. Und ich mußte lernen, daß den Betreffenden die hinter den Krankheiten steckenden Absichten in den allermeisten Fällen nicht bewußt waren. Das Herausfinden der Absicht bei der Behandlung der gesamten Krankheit ist daher von allergrößter Wichtigkeit, da das "Kurieren am Symptom" nicht selten sogar negative Auswirkungen zeigt.
Die Rangfolge der Absichten ist individuell, von Mensch zu Mensch also ganz unterschiedlich. Ich kann daher keine allgemeinen Regeln aufstellen, jedoch nochmals einige Absichten aufzählen, die sehr häufig dem Wunsch nach Gesundheit übergeordnet und sogar wichtiger als das Überleben eingestuft werden:
Wir finden hier das dringende Bedürfnis nach Zuwendung, den Wunsch, Aufmerksamkeit geschenkt zu bekommen, geliebt zu werden, sowie die Suche nach einer Möglichkeit, mit anderen in Kommunikation zu treten. Weitere Absichten sind der Wunsch nach Hilfe oder danach, Glauben und

in Verbindung damit Zutrauen und Zuwendung geschenkt zu bekommen. Und schließlich ist auch der Wille, Macht auszuüben, Ansehen zu erhalten, seine Interessen durchzusetzen, aber auch Druck und Streß auszuweichen und Verantwortung abzugeben, häufige Intentionen und Hintergründe für Erkrankungen.

Diese Liste ließe sich beliebig fortsetzen. Ich möchte allerdings nicht den Eindruck erwecken, als ob hinter jeder Krankheit eine direkt und schnell erkennbare Absicht steckt. Dazu ist der Mensch viel zu kompliziert.

Schneller erkennbar ist es, wenn zwei entgegengesetzte oder zumindest verschiedene Programme innerhalb der gleichen Situation aktiv geworden sind und Spannungen erzeugen. Dennoch ist die Ausschau nach der Absicht von großer Bedeutung und kann, wenn auch nicht immer von dauerhaftem Erfolg gekrönt, durch deren Bewußtwerdung viele Menschen von ihren letztendlich "selbstgemachten" Leiden erlösen.

Hinzu kommt ein weiterer überaus wichtiger Faktor. Eine höherwertige Absicht, wie zum Beispiel die, Aufmerksamkeit zu erregen und Zuwendung zu bekommen, wird von dem Patienten — unbewußt natürlich — "mit Zähnen und Klauen" verteidigt. Schließlich dient ja dieser Mechanismus dazu, Aufmerksamkeit und Zuwendung zu bekommen, und das gibt man nur äußerst ungern auf.

Man darf sich nicht vorstellen, daß die jeweiligen Absichten logisch und vernünftig sind. Da die entsprechenden Programme wie "Wenn ich krank werde, bekomme ich Mutters Aufmerksamkeit und Zuwendung" meist zu einem Zeitpunkt höchster Anspannung oder in sehr früher Kindheit entstanden sind, sind diese Programme nur für diesen einen Augenblick sinnvoll, nicht aber für ein ganzes Leben.

Ein einfaches Beispiel hierfür sei erwähnt: Ein kleiner Junge wird von seinen Brüdern oft verprügelt. Er erfährt, daß diese mit dem Prügeln aufhören, wenn er ihnen etwas schenkt. Er verinnerlicht also das Programm "Wenn du unter starken Druck gerätst, dann mußt du dem andern einfach etwas schenken, dann läßt er dich in Frieden." Da dieses Erlebnis zu einem sehr frühen Zeitpunkt seines Lebens ablief, verankerte es sich unterhalb der Bewußtseinsschwelle. Dieser Junge wächst nun heran und kommt dreißig Jahre später bei einer Grenzkontrolle unter einen ähnlichen Druck. In seiner Not schenkt er dem Grenzposten 100,- DM. Diesmal wird er wegen Bestechung verhaftet und wandert ins Gefängnis.

So einfach auch dieses Beispiel ist, so erklärt es uns, daß Leute in Ausnahmesituationen mit den zum Teil verrücktesten Programmen versuchen, mit dieser Situation und dem damit verbundenen Druck zurechtzukommen. Denken wir nur an den Alkoholiker, den Spieler, den Drogensüchtigen. Eines dieser Programme zur Lösung von Konfliktsituationen scheint Krankheit zu sein. So gut dieses Programm irgendwann einmal funktioniert hat, so gefährlich ist es allerdings, wenn wir es später unbewußt wieder aktivieren. Es handelt sich um Programme mit möglicherweise sogar tödlichem Ausgang. Ich danke meiner Mutter, daß sie mir das Programm, nämlich Gewinnung von Aufmerksamkeit und Zuwendung mittels Krankheit zu bekommen, gründlich verdorben hat!

Die Kraft der Vorstellungen

Wir haben erfahren, daß das Ich auf der Ebene des Denkens Vorstellungen bildet. Diese Vorstellungen scheinen nicht nur rein philosophische Gebilde zu sein, sondern sie entsprechen vielmehr elektromagnetischen Feldern mit tatsächlicher Energie. Diese energetischen Felder beeinflussen dann nicht nur das Verständnis für die Realität, sondern sie bestimmen auch die Entwicklung der äußeren Wirklichkeit selbst. Wem das zu phantastisch erscheint, den möchte ich auf folgende, von Naturwissenschaftlern gesicherte Tatsache hinweisen: Ein Weizenkorn hat um sich herum ein elektromagnetisches Feld, das in seiner Form ziemlich genau der späteren, ausgewachsenen Pflanze entspricht. Ähnliches konnte bei Froschlaich beziehungsweise dem einzelnen Froschei festgestellt werden. Daß sich das gesamte Universum in vergleichbarer Art und Weise entwickelt haben soll, beschreibt Sheldon in seinem vielbeachteten Buch "Das schöpferische Universum".

Gedanken und Vorstellungen sind also real wirksame Kräfte. Das gilt für Vorstellungen, die das Ich spontan aus sich selbst heraus bildet und die zu einer Aktion führen, und es gilt auch für Vorstellungen, die auf Grund äußerer Einflüsse vom Ich gebildet werden und eine Reaktion zur Folge haben.

Nehmen wir die Vorstellung, die ich mir von einem anderen Menschen bilde. In diese Vorstellung fließen alle meine Bewertungen, Beurteilungen, Abwertungen, Einschätzungen und so weiter ein. Es entsteht ein Analogiebild des Nächsten, das der äußeren Wirklichkeit genau entsprechen kann, aber nicht notwendig entsprechen muß.

Nehmen wir ein Vorstellungsbild, das ich mir über Herrn X gebildet habe: In dieser Vorstellung ist Herr X ein Mensch, der zuviel redet, zuwenig trinkt, zuviel ißt, der geizig ist, unordentlich, ein Mensch, mit dem man eigentlich nichts Vernünftiges reden kann. Dieses Vorstellungsbild von Herrn X wirkt wie eine Schablone[14], mit der ich an den wirklichen Herrn X herangehe. Ist mein Vorstellungsbild von ihm sehr massiv, so werde ich nur noch die Dinge wahrnehmen, die meinem Vorstellungsbild ensprechen. Alles weitere werde ich gar nicht mehr aufnehmen können.

Beispiele für diesen Mechanismus können wir täglich beobachten. Wir stellen fest, daß Frau Y Herrn X sehr nett findet,

während Frau Z ihn nicht ausstehen kann. Hier "greifen" völlig unterschiedliche Vorstellungsbilder.
Die Bedeutung für das tägliche Miteinander können wir ebenfalls erleben. Wir sehen zwischen zwei Menschen Streitigkeiten, für die wir in der äußeren Wirklichkeit keinerlei Grund finden. Wir erleben, daß Menschen gar nicht auf den Partner selbst reagieren, sondern auf das von ihnen selbst erschaffene Phantombild[15]. Wir erleben, wie sich Leute miteinander prügeln, sich anschreien und beschimpfen. Ein Außenstehender kann dann nur mit dem Kopf schütteln, weil er nichts von dem sehen kann, was im Inneren, in der Vorstellungswelt des einzelnen, abläuft.
Doch es kommt noch schlimmer. Wenn diese von mir selbst gebildete Vorstellung von einer anderen Person energetisch stark aufgeladen ist, so kann sie regelrecht auf mich zurückschlagen. Nehmen wir einmal an, jemand hat mich tatsächlich verletzt, und ich habe in diesem Moment gedacht: "Er tut mir immer weh", so wird dieser Gedanke anschließend in das Vorstellungsbild vom anderen integriert. Bei entsprechender Gelegenheit wird dieser Gedanke "Er tut mir immer weh" aktiviert und löst einen ähnlichen Schmerz aus, wie ich ihn schon einmal wirklich erlebt habe. Bei diesem Vorgang ist der andere lediglich der Auslöser, die Ursache bin ich mit meiner entsprechenden Vorstellung und dem energetisch hoch aufgeladenen Teilbereich selbst. Ich zitiere aus Goethes Zauberlehrling: "Die Geister, die ich rief, werd' ich nun nicht mehr los."
Auf gleiche Weise entstehen nicht nur die Vorstellungsbilder, die ich mir von meinem Mitmenschen aufbaue, sondern auch die Vorstellungsbilder von mir selbst. Wir finden dann Gedanken und Aussagen wie "Ich bin nichts wert." – "Ich tauge nichts." – "Ich kann gar nichts." – "Mir gelingt nie etwas." Wir beginnen zu ahnen, welche schrecklichen Auswirkungen das für die betreffende Person hat.
Wenn wir die hier dargestellten Zusammenhänge kritisch

betrachten, so merken wir, daß wir mit unserem Denken und unserer Vorstellungswelt sehr sorgfältig umgehen müssen. Fassen wir Vorstellungen, bilden wir uns Meinungen, so sind wir daran gebunden, eventuell auch zu unserem eigenen Nachteil. Werden unsere Denkmuster massiver, werden also aus Vorstellungen und Meinungen regelrechte Entschlüsse, so erscheinen uns diese realistisch, logisch und wahr. Man könnte diesen Vorgang auch Selbsthypnose nennen.

Gerät dann auch noch der Zeitpunkt dieses Beschlusses und unsere eigene Urheberschaft in Vergessenheit, wird das Ganze also unbewußt, so sind wir Sklave dieses Beschlusses. Wenn der passende Auslöser kommt, müssen wir entsprechend unseres eigenen Programms reagieren, ob wir wollen oder nicht. Widersetzen wir uns, so zwingt uns der Körper mittels unseres vegetativen Nervensystems, notfalls auch mit starken Schmerzen, dies zu tun. Wer hat noch nicht erlebt, daß er Dinge getan hat, fast gegen seinen Willen, Dinge, die er im Nachhinein gar nicht verstanden hat, die ihm nicht selten auch leid getan haben?

Im Rahmen dieses Kapitels finden wir auch eine Erklärung für den sogenannten Placebo-Effekt[16]: Zusammen mit der Placebo-Gabe — der Gabe eines an sich wirkungslosen Mittels, von dessen Wirkungslosigkeit aber der Patient nichts weiß — vermitteln wir in der Regel eine Vorstellung von der Wirkungsweise dieses (Schein-)Medikaments. Daher ist es nicht erstaunlich, wenn Placebos genau wie echte Medikamente Wirkungen und Nebenwirkungen haben und sogar zu Entzugserscheinungen führen können.

Wir können nun auch erste Mutmaßungen darüber anstellen, was bei der im ersten Kapitel erwähnten Patientin Anni K. passiert ist, nachdem sie sich zu einem bedingungslos positiven Denken entschlossen hatte. Haben sich hier nicht ihre Vorstellungen, gesund zu sein, umgesetzt, sogar bis auf die körperliche Ebene? Wie ist dies bei anderen Patienten, den sogenannten Ausnahmefällen, die entgegen aller statistischer Voraussage gesund wurden? Vielleicht werden wir eines Tages lernen, welche Vorgänge bei diesen Patienten wirklich abgelaufen ist.

Kommunikationsebenen

Die Sprache ist das Hauptkommunikationsmittel zwischen zwei Menschen. Daß dies allerdings nicht die einzige Möglichkeit zur Kommunikation ist, wissen wir alle. Denken wir nur an die non-verbale Kommunikation[17], zum Beispiel Mimik, Gestik, Pantomime und Ausdruckstanz.
Gibt es noch weitere Kommunikationsebenen? Betrachten wir erneut den Aufbau des Menschen: Ich-Ebene, Empfindungs-, Gedanken- und Vorstellungsebene, Sprachebene, Ebene des Tuns und Handelns, Ebene des Habens (= Ebene des Körpers).
Beginnen wir mit der untersten Ebene, der Ebene des Habens. In Bezug auf den Menschen ist dies der Körper, die Materie. Hier vollzieht sich Kommunikation auf chemischer Ebene, zum Beispiel die Reaktionen der Atome und Moleküle, der Zellen, der Organe, der Körperabschnitte und schließlich des ganzen Organismus. Gehen wir über den Bereich des menschlichen Körpers hinaus, so finden wir auf dieser Ebene die Kommunikation durch mehr oder weniger feste Gegenstände, zum Beispiel durch den neuen Sportwagen, durch den ein junger Mann imponieren will.
Auf der nächsten Ebene, der Ebene des Tuns und Handelns, finden wir Kommunikation durch entsprechendes Verhalten, durch Mimik und Gestik, Pantomime, Ausdruckstanzen — eben durch Handlung.
Danach folgt die Ebene der Worte, die Sprachebene. Diese Kommunikationsebene mit ihren positiven und negativen

Auswirkungen ist uns nur zu gut bekannt. Das Transportmittel sind Schallwellen.
Mit der nächsten Stufe sind wir im Bereich der Gedanken, der Vorstellungen und der Empfindungen angelangt. "Wir tauschen Gedanken aus" ist eine häufige Redensart. Können wir tatsächlich Gedanken ohne Zuhilfenahme der Sprache austauschen, eventuell sogar über größere Entfernungen? Ich denke dabei natürlich an die vielen Berichte über Telepathie, deren Hintergründe und Funktionsmechanismen noch nicht zufriedenstellend erforscht werden konnten.
Vielleicht ist eine Gedankenübertragung tatsächlich über elektromagnetische Schwingungen mit höheren Frequenzen möglich? Das ist natürlich reine Spekulation. Und doch: Wer hat nicht erlebt, daß er an einen Freund gedacht hat, und im gleichen Augenblick läutet das Telefon, und dieser Freund ist an der Leitung?! Wer kennt nicht die Ahnungen einer Mutter, daß ihrem Kind etwas passiert ist?
Wir sprechen auch beim Epileptiker von der Aura[18], wodurch der Kranke genau weiß, was jetzt auf ihn zukommt.
Im Bereich der Empfindungen befinden wir uns dann schon wieder auf bekanntem und daher etwas sichererem Terrain. Empfindungen können wir direkt und ohne sonstige sichtbare Hilfsmittel austauschen.
Wer hat nicht schon haßerfüllte Blicke auf sich ruhen gespürt, und wer kennt nicht das Bedrücktsein beim Anblick von Leid und Elend?
Auch Empfindungen sind eine Form der Kommunikation, die wir aussenden und empfangen können. Doch was ist hier der Träger der Information, der Überträger der Empfindung, das Substrat, mit dessen Hilfe die Kommunikation ausgesandt und empfangen wird?
Ich vermute, daß es sich auch hier um elektromagnetische Schwingungen bestimmter Frequenzen handelt. Ich vermute weiter, daß die Kommunikationsmittler Schwingungen mit – je nach Intensität der Empfindungen – immer höheren

Frequenzen sind, je mehr Energie transportiert wird. Haß wird uns sicherlich mehr treffen als ein gleichgültiger Blick. Wohin führt uns diese Hypothese? Wir konnten zumindest fünf Ebenen erkennen, auf denen Kommunikation abläuft: die körperliche Ebene des Habens, die Ebene des Tuns und Handelns, die Sprachebene, die Ebene der Gedanken und schließlich die Empfindungsebene, die Ich-Ebene. Wenn zwei Menschen einander gegenüberstehen, so dürften Informationen zumindest auf diesen fünf Ebenen ausgetauscht werden. Das sollte zu einer Verbesserung und Intensivierung der Kommunikation beitragen. Doch leider verhält es sich nicht so! Warum? Schauen wir uns ein konstruiertes Beispiel an: Herr Müller und Herr Meier treffen sich. Betrachten wir nun, welche Vorgänge bei den beiden auf den einzelnen Ebenen ablaufen!
Wir haben folgende Ausgangssituation: Herr Müller schüttelt Herrn Meier die Hand. Kommunikation auf körperlicher Ebene – Information: Nett, Sie zu sehen.

Ebene des Tuns und Handelns

Herr Müller hat die geballte linke Faust in der Tasche. Information: Eigentlich habe ich gar keine Lust, ihm die Hand zu geben. Herr Meier schaut an Herrn Müller vorbei. – Information: Ich habe etwas Wichtigeres vor, als Herrn Müller zu treffen.

Ebene des Sprechens

Herr Müller erkundigt sich freundlich und höflich nach dem Wohlbefinden der verehrten Frau Gemahlin. Herr Meier äußert sich lobend über Herrn Müllers schönes neues Auto. – Ein echter Informationsaustausch findet nicht statt.

Ebene der Gedanken

Herr Müller denkt: "Warum muß ich diesen Menschen eigentlich schon wieder treffen?" Herr Meier denkt: "Dieser arrogante Kerl, nimmt noch nicht einmal die Hand aus der Tasche." – Kommunikationslage: Es werden weder Gedanken ausgetauscht noch findet eine Information statt.

Empfindungsebene

Herr Müller ist wütend darüber, daß Herr Meier kürzlich seine Frau nicht gegrüßt hat. Herr Meier ist gleichgültig und wenig interessiert. Ein direkter Informationsaustausch findet nicht statt, da die Empfindungen für den anderen verdeckt sind oder zumindest verdeckt sein sollen. – Kommunikationswert? Urteilen Sie bitte selbst.

Was hat das Ganze nun aber mit Krankheit und Medizin zu tun?

Wir haben gehört, daß Gedanken und Empfindungen Kräfte sind, die enorme Auswirkungen auf uns selbst und auf andere haben können. Diese Kräfte werden bei Kommunikation ausgetauscht, ganz gleich, auf welcher Ebene, ganz gleich, ob versteckt oder offen. Sie sind Informationsträger und können Gedanken und Gedankenkomplexe und Empfindungen auslösen und ganze Impuls-Lawinen ins Rollen bringen.

Kehren wir zurück zu unserem Beispiel: Wie (über)deutlich dargestellt, findet auf den unterschiedlichen Ebenen völlig verschiedene, zum Teil sich widersprechende, zum Teil offene und zum Teil verdeckte Kommunikation statt, zudem mit keinem echten Informationswert. Weder Herr Meier noch Herr Müller werden nach ihrem Treffen genau wissen, was er vom anderen halten soll, beziehungsweise

was dieser von ihm hält, von ihm denkt oder für ihn empfindet. Dies kann zu Unsicherheit, Zweifeln oder anderen Mißstimmungen führen. Vielleicht ist Herr Meier ein wenig wütend über Herrn Müllers Unhöflichkeit und wird seinen Ärger an anderer Stelle abladen. Vielleicht wird Herr Müller noch lange über Herrn Meiers Bemerkungen zum neuen Auto nachdenken — "War es vielleicht ironisch?" — und einen wichtigen Termin verpassen.
Ein Beispiel dafür, wie auf den unterschiedlichen Ebenen die Kommunikation ablaufen kann, habe ich selbst in der Praxis erlebt. Zu mir kam eine mir nicht sehr sympathische Patientin. In ihrer mir bekannt fordernden Art verlangte sie erneut eine ärztliche Bescheinigung, die ich ihr eigentlich nicht geben wollte. Innerlich lehnte ich ihr Verlangen völlig ab. Äußerlich blieb mir nichts anderes übrig, als diese Bescheinigung auszustellen, da dies durchaus im gebräuchlichen Rahmen lag. Meine Empfindung entsprach einer totalen Ablehnung, ebenso meine Gedanken. Äußerlich blieb ich freundlich. Meine Gedanken und Empfindungen müssen jedoch irgendwie bei ihr angekommen sein. Plötzlich begann sie zu schimpfen, daß ich ein unfreundlicher Artgenosse sei, unfreundlich gegenüber einer armen alten Frau. Meine Arzthelferin, die zufällig Zeuge dieser Kommunikation war, konnte das Ganze gar nicht verstehen. Sie sah zum einen einen freundlichen Doktor und zum anderen eine Gift und Galle spuckende Patientin.
Als ich die Reaktion der alten Dame sah, tat sie mir leid. Ich war davon überzeugt, daß es meine Gedanken und Empfindungen waren, die irgendwie bei ihr "angekommen" waren. Ich sagte mir also: "Was soll das Ganze, ändern wirst du sie sowieso nicht, also hör auf mit deinen negativen Gedanken und Empfindungen." Zu meiner Verblüffung änderte sich das Verhalten der alten Dame schlagartig, nachdem ich meine negativen Gedanken und Empfindungen eingestellt hatte. Zur Verblüffung der Arzthelferin setzten wir in ruhi-

gem Ton unser Gespräch fort und verabschiedeten uns sogar freundlich voneinander.
Wenn ich mir anhand dieses kleinen Beispiels vorstelle, was wir einander durch unser Kommunikationskauderwelsch gegenseitig antun, wird mir angst und bange. Wir sollten wirklich darauf achten, daß wir nicht nur auf sprachlicher Ebene miteinander statt gegeneinander kommunizieren, sondern uns bewußt machen, daß wir alle durchaus Sender und Empfänger auch für die anderen Kommunikationsebenen sind. Wir sollten dem anderen nicht mehr mit "gespaltener Zunge" begegnen. Statt der Aufforderung zu positivem Denken müßte es eigentlich heißen: positiv empfinden, positiv denken, positiv sprechen, positiv handeln, kurzum: positiv miteinander kommunizieren.

Positives Denken

Aha, werden viele sagen, jetzt haben wir also des Pudels Kern, jetzt wissen wir, worauf das Ganze hinausläuft: Positives Denken, das kennen wir doch alle, positives Denken, das beherzigen wir doch! Und dennoch erleben wir immer wieder unerklärliche Dinge wie diese nette, ruhige und fröhliche Frau aus der Nachbarschaft, die dann eines Tages plötzlich schwer krank wird. Da haben wir den Arbeitskollegen, sympathisch, offen und verbindlich, der mit jedem gut zurechtkommt und für jeden ein freundliches Wort hat. Und dann erlebt er einen schweren Schicksalsschlag. Wie paßt das alles mit dem angeblichen Erfolg von positivem Denken zusammen? Stimmt hier vielleicht etwas nicht?
In der Tat stimmt mit dem sogenannten positiven Denken vieler Leute so einiges nicht. Allerdings ist es nicht auf den ersten Blick erkennbar, nicht so offensichtlich und wird deshalb leicht übersehen.

Eines Tages kommt eine Patientin zu mir in die Praxis. Auf meine Frage, wie es ihr denn gehe, antwortet sie: "Ach ja, so auf und ab, das ist ja normal."

Auf den ersten Blick erscheint diese Aussage völlig bedeutungslos. Auf und ab, das ist ja normal, wer hat das nicht schon erlebt, so ist eben das Leben. Auf die Frage, wer ebenso das Auf und Ab des Lebens erlebt habe, würde fast jeder die Hand heben. Doch Achtung! Wir haben erfahren, daß Gedanken Kräfte sind, Kräfte, die sich tatsächlich umsetzen können, entweder im Bereich des Denkens, des Handelns oder des Habens. Anders ausgedrückt: Gedanken neigen dazu, sich zu verwirklichen.

Wer also ständig denkt: "Auf und ab, das ist ja normal", der wird genau das in seinem Leben erleben. Er hat damit nämlich eine Art Selbsthypnose vollzogen, nach der eben auf jedes Auf ein Ab und umgekehrt erfolgen wird. So etwas nennt man auch "Self fulfilling prophecy" – die sich selbst erfüllende Prophezeiung. Neben dem so unscheinbaren, wie nebenbei ausgesprochenen Satz verbirgt sich also ein schwerer Verstoß gegen wirklich positives Denken. Wenn wir dies wissen und auch beachten, so werden uns jetzt viele ähnliche Gedankeninhalte auffallen, die von anderen Menschen so nebenbei und scheinbar logisch klingend ausgesprochen werden: "Das kann doch nicht lange gut gehen." – "Irren ist menschlich." (Wieso eigentlich?) – "Es kann einem ja nicht ständig gut gehen." (Warum denn nicht?) – "Es ist doch ganz natürlich, daß einem nicht alles gelingt." – "Kein Wunder, daß es mir bei diesem Wetter nicht so gut geht." – "Was kann ich dafür, daß mir ständig etwas dazwischenkommt?" – "In jeder normalen Familie muß es auch mal Streit geben." – "Hier geht aber auch alles schief." – "Jeder wird doch mal krank."

Diese Aufstellung von nicht gerade positiven Vorstellungen ließe sich beliebig fortsetzen, und jeder Leser könnte seine Beispiele hinzufügen. Unbemerkt und scheinbar logisch

haben sich bei uns eine ganze Reihe von negativen Vorstellungen eingenistet. Abhilfe hierfür schafft nur eine radikale Umkehr zu positivem Denken ohne jedes Wenn und Aber. Jetzt werden viele einwenden, "daß das gar nicht so einfach ist". Oder sie werden sagen "Das dürfte aber ganz schön schwer sein", und damit hätten wir erneut Beispiele für nicht-positives Denken, die wir unserer obigen Auflistung hinzufügen können.
Bei wirklich positivem Denken genügt es also nicht, ein halbwegs fröhlicher Mensch zu sein, der mehrmals täglich andere Leute mit einem neuen Witz erfreut oder mit einem freundlichen Wort tröstet. Es bedarf vielmehr der bewußten Gedankenkontrolle über den ganzen Tag hinweg, ich möchte fast sagen, täglich vierundzwanzig Stunden lang. Das ist bei unserem derzeitigen Denk-Zustand harte Arbeit und bedarf des täglichen Trainings. Es heißt also: üben, üben, üben! Wer hierbei einige Beharrlichkeit aufweist, der wird dafür belohnt werden. Wem dies zu mühsam erscheint, nun ja, für den gilt eben: "Auf und ab, aber das ist ja normal" oder "Jeder wird auch mal krank".
Auch positives Denken will gelernt und trainiert sein. Wie bei jedem Training geht es leichter, wenn man die nachfolgend aufgeführten Regeln kennt und beachtet.

1. Die Regel von der übergeordneten Vorstellung

Wir haben gelesen und erfahren es auch täglich am eigenen Leibe, daß aus dem unbewußten Bereich Impulse kommen, die sich in Gedanken, Worten, Handlungen und körperlichen Phänomenen äußern können. Solange wir diesen unbewußten Bereich nicht vollständig aufgearbeitet haben, bleibt uns nichts anderes übrig, als uns zu bemühen, die entsprechenden Programme rechtzeitig zu erkennen und wenn möglich zu entschärfen.

Nehmen wir ein Programm, das sinngemäß lautet: "Ich werde doch immer wieder enttäuscht."
Dieses Programm werde ich an seinen Auswirkungen erkennen, nämlich an der Tatsache, daß ich immer wieder enttäuscht werde, von Freunden oder auch von bestimmten Ereignissen, die ich mir anders gewünscht hatte.
Hier kommen wir auch zu einem der schwerwiegendsten Fehlschlüsse im Denken der meisten Menschen: Sie erleben Dinge, die sogenannte Realität, und denken in diesem Augenblick nicht daran, daß diese sogenannte Realität ihren Ursprung auf der Ich- und Gedankenebene hat. Dann sagen sie, ja, aber das ist mir doch so und so passiert. Was soll ich daran ändern? Richtig, wenn es passiert ist, dann ist es nicht mehr zu ändern. Zu ändern ist es nur einen Schritt vorher, beim Denken und bei Vorstellungen.
Solange ich nicht weiß, wie, wo und warum die Programme in meinem Unterbewußtsein gespeichert sind und wodurch sie ausgelöst werden, so kann ich doch die Auswirkungen durch eine übergeordnete Vorstellung abmildern. Diese könnte lauten: "Ganz gleich, wie oft ich enttäuscht werde, es wird sich doch wieder zum Guten wenden."
Auf dieser Basis der Bildung übergeordneter Vorstellungen basieren viele Anleitungen zum positiven Denken, zur Meditation oder zur Bildung neuer Gedankenmuster. Dies ist eine gute Hilfe bis zur Aufdeckung und Beseitigung der alten Programme. Es ist eine gute Hilfe, um sich nicht allzu tief und allzu lange in den Sackgassen des Lebens ("Keiner liebt mich" —"Alle sind gegen mich") zu verirren.

2. *Vermeide negierende Formulierungen!*

Wenn ich damit beginne, übergeordnete Vorstellungen zu bilden — sozusagen als Sicherheitsnetz gegen die eigenen Störprogramme — so muß ich dazu eine weitere Regel beachten: Bei der Bildung von Vorstellungen dürfen keine negierenden (negativen) Worte vorhanden sein, wie zum Beispiel "nicht", "keiner", "niemand", "niemals". Dies wurde bereits vom Meister der Autosuggestion[19], Emil Coué, im 19. Jahrhundert betont. Eine solche, nicht funktionierende Vorstellung wäre: "Ich will nicht mehr rauchen." Anhand unserer Kenntnis der einzelnen Ebenen des Menschen möchte ich erklären, warum das so ist.

Bei der Vorstellung "Ich will nicht mehr rauchen" setze ich zunächst ein äußeres Ziel aus dem Bereich des Tuns und Handelns. Dieses Ziel lautet: "mehr rauchen". Dazu nehme ich das Element aus dem Gedanken- und Vorstellungsbereich "will nicht".

Die Folge unserer Vorstellung wird sein, daß ich mehr rauchen werde, dieses aber nicht will. Wer hat nicht schon erlebt, daß er das Rauchen aufgeben wollte, und dann erfahren, daß er noch mehr geraucht hat.

Jetzt kennen wir den Mechanismus. Wie sagt doch der Volksmund: "Der Weg zur Hölle ist mit guten Vorsätzen gepflastert."

Wem dies noch zu abstrakt erscheint, den möchte ich auffordern: Denken Sie jetzt nicht an den Mond! Was passiert bei dieser Aufforderung? Als erstes werden Sie an den Mond denken und erst im zweiten Schritt werden Sie versuchen, dies nicht zu tun. Das wird ganz schön mühsam.

Ein weiteres Beispiel aus der Praxis: Eine recht erschöpfte Lehrerin kommt zu mir und beklagt sich darüber, daß sie nun noch mehr arbeiten müsse, und dabei habe sie sich doch so gewünscht: "Ich will nicht mehr Unterrichtsstunden haben."

Genau das ist jedoch eingetreten. Sie hat mehr Unterrichtsstunden bekommen, wogegen sie dann mit ihrem "will nicht" Widerstand einsetzt und unglücklich ist. Und dabei hat sie diesen Umstand selbst mit herbeigedacht und damit herbeigeführt.

3. Keine Abwertungen anderer!

Leider ist es durchaus üblich, andere abzuwerten. Das geschieht auf mehr oder weniger versteckte Art, aber auch ganz offen.
"Der ist ja doof", sagen Kinder beispielsweise, "mit dem spiele ich nicht." – "Habt ihr gehört, was Frau Meier sich da wieder geleistet hat?" heißt es bei den Erwachsenen. Klatsch und Tratsch sind die Folgen. Man denkt sich ja nichts dabei, jedenfalls nicht immer. In größerem Umfang erleben wir auch Abwertungen in den Medien. Die ersten Seiten fast aller Zeitungen und Zeitschriften sind voll von negativen Nachrichten und Abwertungen. Enthüllungsjournalismus wird das genannt. Mit dem Argument "Das interessiert die Leute" wird dies gerechtfertigt. "Bad news are good news" – schlechte Nachrichten sind gute Nachrichten –, das ist leider die übergeordnete Vorstellung der meisten Journalisten. Die positiven Meldungen finden sich dann auf den hinteren Seiten und nur als kurze Abschnitte.
Na und, werden viele sagen, wem schadet es denn, wenn ich über andere schlecht rede? Wem schadet das schon, wenn in der Zeitung vorwiegend Negatives steht? Mir doch ganz sicher nicht.
Das ist ein großer Irrtum! Wenn ich Negatives denke, so versetze ich in meinem Inneren negative Gedankenkomplexe in Schwingung. Vielleicht kommt der Ärger über meinen Chef wieder hoch, und ich steigere mich immer weiter in diese Mißempfindung hinein. Ich werde mich nicht besonders gut fühlen und erfahre am eigenen Leibe, was negatives Denken über andere bei mir selbst bewirkt.
Wenn ich Negatives nicht nur denke, sondern sogar noch ausspreche oder schreibe, so wirkt dieses nicht nur auf mich, sondern auch auf andere Menschen. Schon mancher Patient ist zu mir in die Sprechstunde gekommen und hat geklagt: "Wenn man das alles in der Zeitung so liest, möchte

man eigentlich gar nicht mehr leben." Die Folgerung, die Quelle des Negativen gar nicht mehr zu kaufen, wird leider nicht gezogen. Manche lesen morgens die Zeitung und ärgern sich dann einen halben Tag. Kein Wunder!

4. Tilgung sämtlicher Selbstabwertungen

Ebenso wie die Abwertung der anderen Menschen nimmt leider auch die Selbstabwertung bei vielen Leuten einen großen Raum ein: "Das kann ich nicht." – "Dafür bin ich nicht intelligent genug." – "Ich weiß nicht." – "Ich kann es nicht sagen." – "Mir kommt immer was dazwischen." – "Ich habe aber auch immer Pech." – Dies ist nur eine kleine Auswahl von meist mehr beiläufig Gedachtem oder auch Ausgesprochenem. Achten wir also auf die Folgen, wenn wir denken: "Ich tauge nichts." – "Mein Leben hat sowieso keinen Sinn." – "Ich bin zu nichts nutze." – "Ich werde nicht gebraucht." – Die Folgen dieser Aussagen beziehungsweise ihres gedanklichen Inhalts werden wir zu spüren bekommen. Ein Philosoph sagte dazu: "Denke stets Armut und Not, und Armut und Not werden nicht auf sich warten lassen – fürchte stets irgendein Ungemach, und das Mißgeschick wird sich an deine Fersen heften."
Viel feiner und schwerer zu erkennen sind folgende Selbstabwertungen: "Keiner versteht mich." – "Keiner glaubt mir." – "Alle sind gegen mich." – "Keiner mag mich." – Wir werden ernten, was wir denken!

5. Achte stets auf deine Worte!

Unser Hauptkommunikationsmittel ist nun einmal die Sprache. Sie ist ein Symbol für dahinterliegende Gedankeninhalte und Vorstellungen, für Bilder und Empfindungen. Ihren

Inhalt kann man gut an der Sprache erkennen. Jemand, der ständig "eigentlich/im Grund genommen/vielleicht/ich weiß nicht so recht/ja, aber" sagt, der signalisiert, daß er sein eigenes Denken einschränkt, bezweifelt und in Frage stellt. Woher mag das Wort Aberglauben sonst kommen?

6. Nicht jammern – handeln!

Viele Leute jammern über ihr Schicksal und berichten Mitleid heischend von ihrem Unglück. Was könnte der Grund hierfür sein? Wollen sie vielleicht nur ablenken von der Verantwortung, die sie für ihr eigenes Schicksal zumindest mittragen? Wollen sie Aufmerksamkeit und Zuwendung auf sich ziehen? Oder wollen sie einfach nur darüber reden, was sie bedrückt? Positives Denken verbirgt sich auf jeden Fall nicht dahinter. Eugen Roth formuliert dies so:

"Zwei Dinge trüben sich beim Kranken,
a) der Urin, b) die Gedanken."

7. Der heilsame Blick für das Gute

Schaue auf das Gute bei dir selbst und bei den anderen, das ist die nächste Regel. Ich habe einmal in einer Gesprächsrunde gesessen, wo wir folgendes gespielt haben: Jeder nennt drei gute Eigenschaften, die ihm bei einem Mitspieler spontan einfallen. Da gab es eine lange Pause, bis der erste es etwas zögernd fertigbrachte, über einen anderen etwas Positives zu sagen. Alle lächelten irritiert und verlegen. Als dann bei der nächsten Runde jeder von sich selbst drei positive Eigenschaften nennen sollte, mochte fast niemand mit der Sprache herausrücken, so ungewohnt und fast peinlich war es ihm. Mir selbst ist es kaum anders ergangen.

Es ist eben so eine Sache mit dem positiven Denken, mit der Kritik sind wir viel schneller bei der Hand. Eigentlich etwas merkwürdig, nicht wahr!?
Zusammengefaßt haben wir mit dem positiven Denken ein mächtiges Werkzeug in der Hand, um unser Leben zu gestalten. Wenn ich eine Vorstellung, zum Beispiel "Ich werde die Prüfung bestehen", mit viel Energie auflade, also mit festem Glauben, innerer Überzeugung und ohne "Wenn" und "Aber", so ist die Chance, daß sich diese Vorstellung in die Tat umsetzt, wesentlich größer als bei Selbstzweifel. Es gilt, klare und kraftvolle Vorstellungen zu bilden. Natürlich können diese auch einmal "über den Haufen" geworfen werden – schließlich leben wir ja nicht allein auf dieser Welt. Dann heißt es, sich nicht beirren zu lassen.
An dieser Stelle möchte ich mein "Regelwerk" über das positive Denken abbrechen. Jedem ist bestimmt noch eine Menge dazu eingefallen. Das Wissen allein nützt jedoch nur wenig: Es ist die Voraussetzung und allenfalls ein erster kleiner Schritt in die richtige Richtung. Einen großen Schritt nach vorne machen wir dann, wenn wir die vielen Regeln anwenden, wenn wir auf unsere Gedanken und Empfindungen uns selbst und dem Nächsten gegenüber wirklich regelmäßig achten – und das nicht nur am Sonntag. Dann wird sich vieles zum Positiven ändern.

Geistige Gesetze

In der esoterischen[20] Literatur finden wir häufig Hinweise auf geistige Gesetze, manchmal sogar kosmische Gesetze genannt. Diese Gesetze erschienen mir immer ein bißchen weit hergeholt, denn sie schwebten sozusagen im "luftleeren Raum".
So lautet ein Gesetz beispielsweise: "Wenn der Mensch

lernt, die kosmischen Gesetze zu begreifen, sich nach ihnen auszurichten, wird sein Leben nicht nur harmonisch und zufrieden verlaufen, sondern er entzieht sich dadurch auch allmählich dem periodischen Abstieg in die Materie." – Was können wir damit anfangen?
Wenn wir dem Erklärungsmodell folgen, daß elektromagnetische Energie Träger für Gedanken und Vorstellungen, also des geistigen Bereiches ist, so dürfte klar sein, daß auch hier die Dinge nach entsprechenden Gesetzen ablaufen, ähnlich wie die Gesetze der Physik und Chemie. Es sind eben die Gesetze, die für den Bereich elektromagnetischer Energie bestehen. Diese müssen dann für Natur und Mensch gleichermaßen gelten. Gehen wir diese geistigen Gesetze einmal der Reihe nach durch:

1. Das Gesetz der Resonanz

Das Gesetz der Entsprechung können wir auch das Gesetz der Resonanz nennen. Wenn ich etwas Bestimmtes ausstrahle, so wird bei dem, der mit mir auf gleicher Wellenlänge ist, ein Mitschwingen entstehen, eine Resonanz. Dabei kann es sich um positive wie um negative Dinge handeln. Ich denke hier an Sympathie, Antipathie und Harmonie.
Nehmen wir ein Beispiel: Wir sehen einen Menschen und bemerken seinen offensichtlichen Hang zum Geiz. Wir erregen uns darüber und werden sogar regelrecht wütend. Diese starke Erregung, dieser Ärger in uns, kann nur auftreten, wenn in uns eine Entsprechung, in diesem Fall nämlich für den Geiz, vorliegt. Nur dann kann in uns eine derartige Resonanz auftreten.
Gäbe es diese Entsprechung nicht, so würden wir die Eigenschaft nur kritisch wahrnehmen und denken: Naja, so ist dieser Mensch nun einmal.
Das Gesetz der Entsprechung und die damit verbundene

Resonanz halten uns durch den anderen Menschen den Spiegel vor. Wir können Dinge erkennen, die bei uns ebenfalls nicht in Ordnung sind.
Da wir für unsere eigenen Fehler und Schwächen bekanntlich blind sind, können wir durch den anderen lernen. Ärgern wir uns über die Eigenschaften eines Mitmenschen, so können wir sicher sein, daß der gleiche Komplex bei uns ebenfalls nicht in Ordnung ist; andernfalls würde keine Resonanz auftreten. Das zu wissen, ist eigentlich eine große Hilfe, allerdings oft nur mit einem großen Maß an Überwindungskraft einzusehen.

2. Das Gesetz von Ursache und Wirkung

Dieses Gesetz wird im Fernen Osten auch das Karma-Gesetz genannt.
Wenn ich bestimmte Gedanken und Vorstellungen bilde, so habe ich praktisch eine Strahlungsquelle geöffnet. Im technischen Bereich würden wir sagen, wir haben einen Sender errichtet, wir sind auf Sendung gegangen.
Wenn ich etwas aussende, bin ich auf der gleichen Frequenz auch erreichbar. Verursache ich etwas, sei es im Gedanken-, Wort- oder Handlungsbereich, so bin ich auf der gleichen Wellenlänge für eine Wirkung der gleichen Art empfänglich. Dies beruht auf nichts anderem als auf dem Gesetz von Ursache und Wirkung. Im Neuen Testament findet man Sätze wie "Was du säest, wirst du ernten" oder "Wer Wind sät, der wird Sturm ernten." (Dieses Gesetz wird deshalb auch das Gesetz von Saat und Ernte genannt).
Ein Beispiel zeigt, daß dieses Gesetz ganz und gar nicht lebensfremd ist. Wenn ich zum Beispiel lüge, so werde ich anschließend insgeheim damit rechnen (müssen), daß auch ich belogen werde. Wenn ich jemanden bestehle, so werde ich von nun an befürchten, daß auch mich jemand bestiehlt.

Wenn ich schlecht über jemanden denke, so werde ich es auch umgekehrt für möglich halten: "Der Lauscher an der Wand hört seine eigene Schand'."
Wenn ich das Gesetz von Ursache und Wirkung kenne, so werde ich darauf achten, was ich denke, rede und tue, denn Gleiches oder Ähnliches wird auf mich zurückkommen. – "Wie ich in den Wald hineinrufe, so schallt es heraus."

3. Das Gesetz der wiederholten Gelegenheiten

Wenn sich bei mir ein Gedanke, ein Beschluß, festsetzt, so werde ich ständig und immer massiver an ihn erinnert werden. Nehmen wir eine Situation, in der ich schwer enttäuscht werde und sich der Gedanke in mir festsetzt: "Letzten Endes bin ich ja doch allein." Für diese eine Situation mag der Gedanke vielleicht verständlich sein, im allgemeinen ist es jedoch ein völlig widersinniger Gedanke. Schließlich leben etwa fünf Milliarden Menschen auf dieser Erde, wie sollte ich da allein sein?
Als Gedanke, der sich in mein Unterbewußtsein eingespeichert hat, hat es katastrophale Auswirkungen: Ich werde immer häufiger ähnliche Situationen erleben, mich immer häufiger allein fühlen und meine Fehlbeurteilung bestätigt glauben. Dies sind die wiederholten Gelegenheiten. So habe ich allerdings auch die Chance, diesen Bereich schließlich doch zu erkennen.

4. Das Gesetz von der Anziehungskraft alles Gleichgearteten

"Gleich und gleich gesellt sich gern", sagt der Volksmund. Und in der Tat ist es so. Wir haben hier erneut eine Folge des Resonanzprinzips. Dies gilt für alle möglichen Bereiche. Nehmen wir einmal den Bereich der Emotionen. Nach dem

Prinzip "gleich und gleich gesellt sich gern" erfahren wir unsere Umwelt. Sind wir fröhlich und glücklich, so begegnen uns ständig fröhliche und glückliche Menschen. Sind wir dagegen traurig, so reagieren wir auf die Umwelt entsprechend. Wir sehen nur noch traurige Menschen um uns herum, lesen in der Zeitung von traurigen Ereignissen, von bedrückenden Begebenheiten, wir greifen alles auf, was dieser Emotion entspricht. Ähnliches erfahren wir, wenn wir zornig sind. Dann regt uns einfach alles auf.

Dieses Gesetz zeigt uns, daß wir je nach unserer Stimmung und unseren Gedanken die entsprechenden Menschen oder Situationen anziehen beziehungsweise von diesen angezogen werden. Dadurch verstärken sich diese Stimmungen und Gedanken, ganz gleich, ob es sich um negative oder positive handelt – wir sind auf gleicher Wellenlänge.

Dieses Gesetz gilt auch für den geistigen Austausch zwischen Menschen. Es gilt ebenfalls für das Betriebsklima in einer Firma, für das Gesellschaftsmilieu oder auch den inneren Zustand, die vorherrschende Grundstimmung einer ganzen Nation. Nehmen wir nur einmal die Italiener mit ihrer ansteckenden Fröhlichkeit oder die Deutschen mit ihrer Art, die Dinge sehr genau und sehr schwer zu nehmen.

Nach dem Prinzip der Anziehungskraft von Gleichgeartetem wird nach dem Prinzip der Resonanz der aktuelle gedankliche oder emotionelle Bereich verstärkt.

Denke ich konstruktiv, positiv, sehne ich mich nach Harmonie und Freude, so werde ich mit Sicherheit ähnliche Menschen anziehen und von diesen angezogen werden. Hier liegt die Möglichkeit für Lebensfreude und Gesundheit!

Auf der anderen Seite finden wir Verstärkung negativer Emotionen mit Auswirkung auf die Einzelperson oder die Gruppe bis hin zur Massenhysterie.

Achten wir auf unsere Gedanken und Empfindungen, ziehen wir daraus unsere Konsequenzen – dann sind wir wirklich unseres Glückes Schmied!

III. Anwendung des Wissens

Hilfe zur Selbsthilfe

Wissen ist zwar die Grundlage sinnvollen Handelns. Das Wissen um Hintergründe und Ursachen meines Denkens, Fühlens und Handelns allein reicht jedoch nicht und nützt in der Praxis wenig. Erst die Anwendung des Wissens bringt Erfolg und Ergebnisse. Denn grau ist alle Theorie, jetzt muß Farbe ins Spiel!
Unser bisher erarbeitetes Gedankengerüst hilft uns, die Dinge richtig anzupacken. Wenn es mir nicht gut geht, wenn ich mich schlecht fühle, wenn ich Symptome und Beschwerden habe, so kann ich mit wenigen Fragen nach den Ursachen suchen.
Ich habe die wichtigsten Fragen in dem nachfolgenden Fragenkatalog zusammengestellt:

Ich-Ebene

Werte ich mich selbst ab? Habe ich von mir selbst keine gute Meinung oder Vorstellung? Lasse ich mich leicht durch andere abwerten oder beeinflussen? Stehe ich zu dem, was ich empfinde, denke, sage oder tue? Fühle ich mich oft allein, alleingelassen?

Empfindungs-Ebene

Fühle ich mich schlecht? Kann ich nicht weinen, wenn ich traurig bin? Stehe ich nicht zu meinen Empfindungen? Bin ich hart geworden, emotional starr?

Gedanken- und Vorstellungs-Ebene

Sage ich häufig "Ich weiß nicht" oder "Ich kann mich nicht erinnern" ? Neige ich dazu, Dinge zu vergessen, vergessen zu wollen? Wie weit kann ich in meine Kindheit zurückdenken?

Ebene des Sprechens

Kann ich viele Dinge nicht aussprechen? Schnürt es mir den Hals zu, wenn ich etwas ausdrücken möchte? Nehme ich alles wortlos hin? Habe ich oft das Gefühl, daß ich mich (sprachlich) nicht genügend gegen etwas oder jemanden wehren kann?

Ebene des Tuns und Handelns

Fühle ich mich häufig wehrlos dem Tun der anderen ausgesetzt? Bleibe ich, wenn ich eigentlich weggehen möchte? Fühle ich mich in meiner Bewegungsfreiheit eingeschränkt?

Dieser Fragenkatalog erhebt keinen Anspruch auf Vollständigkeit. Doch mit diesen und ähnlichen Fragen kann ich in vielen Fällen einen Problemkreis bewußt machen und eingrenzen. Im Kapitel "Verbalisieren, Dramatisieren, Somatisieren" wird bereits ein erster Ansatz zur Selbsthilfe geschildert. Beim Verbalisieren, also beim Sprechen über die Probleme, bedarf es eines guten Freundes oder Bekannten, der mir zuhört. Dann kann ich bereits durch das Aussprechen eine enorme Entlastung meiner Probleme und der damit verbundenen inneren Anspannung erfahren.

Es ist wichtiger, einen Freund zu finden, der mir gut zuhört, als jemanden, der mir unbedingt recht gibt. Wenn ich bei dieser Aussprache mehrfach mein Problem, meine Belastung von allen Seiten beleuchten kann, so werde ich schließlich den dahinterliegenden Ursachen für meine Spannung, meinen eigenen Programmen also, auf die Spur kommen. Dabei ist es gar nicht notwendig, daß der andere mir gute Ratschläge gibt, wichtig ist nur, daß er mir durch Zuhören und Fragenstellen hilft, mein eigenes Problem, meine Programme zu erkennen. Der andere sollte keine Deutungen geben, die helfen wenig. Zu einer wirklichen Entlastung kommt es nur, wenn ich mir sozusagen selbst auf die Schliche komme! Sonst führt das Sprechen, das Verbalisieren zu keinem Ergebnis, es kann sogar sein, daß ich mich in meine Probleme noch mehr hineinsteigere.

Zum Dramatisieren gehört die aktive und die passive Bewegung. Stehe ich unter Druck, so ist oft bereits ein Spaziergang ("Einmal um den Block gehen.") eine gute Hilfe. Meist noch besser ist Sport: Laufen, Tennisspielen, Schwimmen und so weiter. Hierbei kommen die störenden Gedanken und Empfindungen hoch und können "abgearbeitet" werden. Viele Mißemotionen und körperliche Beschwerden können auf diese Art und Weise verschwinden, wenn keine organische Krankheit dahintersteckt.

Einen ähnlich entspannenden und entlastenden Effekt hat auch die passive Bewegung wie zum Beispiel die Massage.

Die wichtigste Voraussetzung zur Selbsthilfe ist das Erkennen der Problembereiche, die Entlastung von bedrückenden Gedanken und Emotionen durch ihr Aussprechen und/ oder durch Bewegung und schließlich das Erkennen der

hinter den Problemen liegenden Ursachen, nämlich der Programme. Gelingt uns dieser Weg nicht alleine, so sollten wir einen guten Freund um Hilfe bitten, jemanden, der uns wirklich zuhört und uns durch gezielte Fragen hilft, tiefer in unsere eigene Problematik eindringen zu können. Haben wir Schwierigkeiten mit diesem Schritt, so sollten wir uns fragen: Müssen wir (zwanghaft) alles alleine machen? Haben wir das Gefühl, daß uns ja doch niemand hilft? Oder das Gefühl, daß sich ja doch nichts ändert? Dann sind wir ganz schwerwiegenden Programmen auf die Spur gekommen, die uns davon abhalten, im richtigen Augenblick die richtige Hilfe zu suchen.
Hilft uns auch alles Verbalisieren und Dramatisieren nichts, bleiben wir dennoch unter Anspannung oder haben weiterhin körperliche Beschwerden, so sollten wir einen Arzt aufsuchen, der die entsprechenden medizinischen Untersuchungen durchführt. Wie schnell wir diesen Schritt unternehmen, das sollte ganz individuell entschieden werden. Bei Unsicherheit, Zweifel oder Angst sollten wir mit diesem Schritt nicht allzu lange zögern.
Ergibt die Untersuchung wiederum keine organische Erkrankung, dann sollten wir jemanden aufsuchen, der mit diesen nicht-organischen Störungen und Beschwerden sachkundig umgehen kann. Diesen Bereich der Anwendung des Wissens möchte ich jetzt ausführlicher erörtern.

Voraussetzungen für eine sinnvolle Hilfe

Die von mir bisher skizzierte und jetzt näher erläuterte Anwendung des Wissens erfolgt in erster Linie durch die Sprache. Durch sprachliche Kommunikation sollen Gebiete aufgearbeitet werden, die für den Patienten eine Problematik darstellen, sei es nun im rein geistigen Bereich, im Bereich

des Verhaltens, im Bereich von Symptomen und Beschwerden und eventuell sogar im Bereich von organischen Erkrankungen.
Da diese Behandlung über die Sprache abläuft, ist sie grundsätzlich für jeden erlernbar und auch durch jeden anwendbar. Die Fähigkeit des einzelnen, durch ein Gespräch einem anderen zu helfen, hat etwas damit zu tun, wieweit er sich mit den Zusammenhängen beschäftigt, wieweit er die entsprechenden Kenntnisse und Fertigkeiten erwirbt, und wieweit er sie trainiert, sie also tatsächlich anwendet. Auch hier heißt es: Übung macht den Meister.
Grundvoraussetzung für ein solches Gespräch ist das absolute Vertrauen zueinander (meist Arzt und Patient) und die völlige Offenheit des Patienten. Ist dieser nicht bereit, über alles offen und ehrlich zu sprechen, möglicherweise auch über sehr persönliche Dinge, so können keine Ergebnisse erzielt werden. Dann können wir nicht den gedanklichen Ursachen für körperliche, geistige oder seelische Störungen auf den Grund kommen. Ist der Patient zu absoluter Offenheit bereit? Dies ist eine Frage, die also vor jedem Gespräch geklärt werden muß.
Eine weitere Voraussetzung ist es, aufkommende Emotionen wie zum Beispiel Angst, Trauer oder Verzweiflung zumindest kurzfristig zulassen und ertragen zu können. Diese Emotionen können im Zusammenhang mit bestimmten Ereignissen auftreten. Nur eine Entladung dieser Emotionen, zum Beispiel durch Weinen, und das Aufdecken der sich dahinter befindlichen gedanklichen Falschprogrammierung bietet eine Gewähr für den Erfolg.
So wie der Patient fähig sein sollte, aufkommende Emotionen zuzulassen, so muß auch der Gesprächspartner bereit sein, dies zu ertragen. Es ist manchmal nicht ganz einfach, innerlich ruhig zu bleiben, wenn man einen anderen Menschen verzweifelt und weinend sieht. In dieser Situation wird mancher die Behandlung abbrechen mögen, um "den

Armen nicht weiter zu quälen". Wenn man jedoch weiß, daß man den Betreffenden durch ein Abbrechen der Konfrontation mit seinen Problemen viel mehr quälen würde, da dann die mit den traumatischen Ereignissen verbundenen Energien weiterhin vorhanden sind, fällt es leichter, mit dem Gespräch fortzufahren, bis schließlich der Betreffende die Ursachen seiner Anspannungen und Beschwerden erkennt. Hier gilt es, durchzuhalten und Erfahrungen zu sammeln. Ich kann mich erinnern, daß ich nicht selten mit Tränen in den Augen dem Gesprächspartner gegenübersaß. Wenn man erlebt, wie sich die Verzweiflung schließlich in Freude und Erleichterung umwandelt, wenn das Ereignis aufgearbeitet, sozusagen erledigt ist, dann werden beide Seiten reichlich belohnt. Dann weiß man, daß man nicht zurückzukken darf vor Mißemotionen, die sich eventuell auch gegen die eigene Person richten können. Ein Freund sagte mir einmal: "Es macht dir wohl Spaß, mich so zu quälen!" Später war er dankbar, daß seine körperlichen Beschwerden nicht wieder auftraten.

Eine Selbstverständlichkeit ist absolute Verschwiegenheit über das mir Anvertraute. Nur, wenn ich mir der Verschwiegenheit des anderen sicher bin, werde ich über alles sprechen können.

Zu einem solchen Gespräch gehört auch Mut. Schließlich weiß der Patient nicht, was aus seinem Unterbewußtsein hochkommen wird. Es ist manchmal nicht sehr angenehm, wenn neben den bereits erwähnten Mißemotionen auch körperliche Mißempfindungen bis hin zu starkem Schmerz auftreten. Zum Trost kann ich sagen, daß sich eine derartige Gesprächsbehandlung immer lohnt und niemals schadet.

Eine weitere Voraussetzung zu einem Gespräch ist das Verlangen des Patienten, sich auf diese Art und Weise helfen zu lassen. Leider, wenn auch verständlicherweise, ist dieses Verlangen oft erst bei hohem Leidensdruck gegeben. Für die meisten Patienten gilt auch heute noch: "Bring

meinen Magen wieder in Ordnung, aber laß mich dabei in Ruhe." Oder volkstümlicher: "Wasch mir den Pelz, aber mach mich nicht naß."
Wichtig für den Verlauf des Gesprächs ist, sich nicht in die Angelegenheiten des Patienten einzumischen, das heißt, ihm keine sogenannten guten Ratschläge zu geben. Wir dürfen lediglich durch Fragen oder Hinweise den Patienten führen, den eigenen Störprogrammen und dem damit verbundenen emotionalen und gedanklichen Durcheinander auf die Spur zu kommen. Sollten wir unsere eigenen Meinungen, Betrachtungen und Berechnungen dabei dem Patienten mitteilen, so hätte er nur zusätzliche Probleme. Es gilt also der Grundsatz, nur durch Fragen und Hinweise dem Betroffenen zu helfen, sich durch den Irrgarten der gedanklichen und emotionellen Verstrickungen durchzuarbeiten. Das bedeutet nicht, daß man ihn hemmungslos reden läßt. Das führt zu keinerlei Entladung. Es gilt, beim ausgewählten Thema zu bleiben, dies eventuell auch nachdrücklich.
Neben den eher inneren Voraussetzungen für ein derartiges Gespräch sind auch die äußeren Voraussetzungen wichtig. Wir brauchen zum Gespräch Ruhe, Zeit und einen äußeren Rahmen mit möglichst wenig Ablenkung. Diese äußeren Bedingungen sind zwar wünschenswert, aber nicht immer vorhanden.
Ich erinnere mich an ein Gespräch mit einem Kollegen im Wartebereich des Frankfurter Flughafens bei einer Zwischenlandung. Dieser Kollege hatte auf Grund eines leichten Infektes sehr starke Ohrenschmerzen bekommen und große Angst vor dem Weiterflug nach Hamburg. Wir haben uns eine Ecke ausgesucht, wo möglichst wenig Menschen vorbeigingen. Die Ruhe zur Konzentration war nicht gerade optimal. Ich ließ den Kollegen die Augen schließen, wies ihn an, sich auf den Schmerzbereich zu konzentrieren und auszusprechen, welche Schmerzen und Mißempfindungen er in diesem Bereich fühlte. Durch Aussprechen des Satzes

"Mein Ohr tut so weh" kamen immer mehr Gedanken und Vorstellungen hoch, die mit Ohrenschmerzen verbunden waren: Ängste bei früheren Flügen, Kindheitserlebnisse in Verbindung mit Mittelohrentzündungen, Schläge auf das Ohr. Auf diese Art und Weise gelang es, den im Ohrbereich vorhandenen Druck über die Sprache auszudrücken. Innerhalb von zehn Minuten ließen die Ohrenschmerzen deutlich nach, der Flug nach Hamburg war kein Problem mehr.
Wenn ich noch einmal die wichtigsten Voraussetzungen für diese Behandlungsform wiederhole, so sind dies Vertrauen und Offenheit zwischen zwei Menschen, Verschwiegenheit, der Wunsch, sich helfen zu lassen, und der Wunsch, einem anderen Menschen zu helfen. Die Fähigkeiten, ein solches Gespräch sachkundig zu führen, können nur durch häufige Anwendung erlernt werden.

Entladung energiereicher Falschprogramme – Programme und Energie

Falschprogramme stören uns eigentlich erst dann, wenn sie mit viel Energie aufgeladen sind. Nehmen wir ein erfundenes, einfaches Beispiel:
Ein Mann mag es nicht, wenn die Zahnpastatube in der Mitte gedrückt wird. Er möchte, daß sie ordentlich vom Ende her ausgedrückt wird. Seine Frau und die Kinder kümmern sich jedoch nicht darum. Ständig wird die Zahnpastatube wieder in der Mitte gedrückt. Das ärgert ihn. Da ihm dieser Punkt sehr wichtig ist, führt er mehrfach intensive Gespräche mit Frau und Kindern, warum das für ihn so wichtig ist, und warum es die einzig vernünftige Möglichkeit ist, eine Zahnpastatube auszudrücken. Danach geht es eine Weile gut. Dann häufen sich jedoch wieder die "Zahnpastatuben-Drück-Vergehen".

Der Mann wird schließlich wütend. Er beschimpft Frau und Kinder, erreicht jedoch keine wesentliche Änderung. Jetzt steht der Mann in Bezug auf Zahnpastatuben bereits unter erheblicher Spannung, er ist "aufgeladen". Er wird schon beim morgendlichen Gang zum Badezimmer mißmutig sein. Das Thema Zähneputzen ist ihm verleidet. Kaum denkt er daran, ärgert er sich auch schon. Wenn er ab jetzt Reklame für Zahnpasta sieht, wird es ihm nicht anders ergehen. Er wird schlechte Laune bekommen und weiß vielleicht nicht einmal, warum. Geht diese Geschichte weiter, so wird ihn schon der Gedanke an Zahnärzte ärgern, an Badezimmer, an Seife, an Waschen und Duschen – kurz, alles wird ihn verdrießen, was er irgendwie mit der verflixten Zahnpastatube in Verbindung bringt. Unser Mann ist jetzt hochsensibel für diesen Bereich. Hier haben wir einen ähnlichen Mechanismus, wie wir ihn von körperlichen Allergien her kennen. Bei körperlichen Allergien löst ein winziges Teilchen eines bestimmten Stoffes eine mehr oder weniger starke Allergie aus, eventuell sogar einen allergischen Schock.

Auf den einfachen Gedanken, die Vorstellung aufzugeben, daß man eine Zahnpastatube nur vom Ende her ausdrücken darf, kommt der Mann nicht. Er ist hinsichtlich dieses Themas mit zu vielen Emotionen aufgeladen, und dies verstellt den Blick auf die dahinterliegende, fast lächerlich anmutende Ursache. Stattdessen wird er wütend sein auf seine Frau und die Kinder, mißmutig wegen Zahnpastareklame, schlecht gelaunt beim Zahnarzt und bedrückt beim morgendlichen Gang ins Badezimmer. Die Ursache hierfür wird durch die Mißemotionen verdeckt.

Wir haben hier einen Themenbereich, ein gedankliches Gebiet, das hochgradig aufgeladen ist. Wie können wir diesem zu Leibe rücken?

Die Behandlung ist sehr einfach. In einem gezielten Gespräch versuche ich, das Gebiet einzukreisen, das bei

diesem Menschen aufgeladen ist. Mit etwas Geschick werde ich herausfinden, daß es das Wort Zahnpasta ist, das die meisten Mißempfindungen auslöst. Ich lasse den Patienten dieses Wort mehrfach aussprechen. Sollte er sich nicht konzentrieren können, kann ich ihn die Augen schließen lassen. Bei mehrmaligem Aussprechen des Wortes Zahnpasta kommen entsprechende Ereignisse mit den damit verbundenen Emotionen hoch. Es erfolgt eine gedankliche Koppelung. Der Mann wird wütend von seiner Frau berichten, die sowieso nie das tut, was er sagt. Er wird erzählen, daß seine Kinder schlecht erzogen sind, daß ihm das Badezimmer nicht gefällt, daß er Reklame mit Zahnpasta schrecklich findet. Ich lasse ihn diese Dinge erzählen und anschließend das Wort Zahnpasta erneut mehrfach wiederholen. Immer mehr Ereignisse werden in sein gedankliches Blickfeld geraten. Durch das ständige Erzählen wird Energie von diesem Thema "heruntergesprochen", ausgedrückt. Die Zusammenhänge werden allmählich klarer. Schließlich entdeckt der Patient den eigentlichen Kern des ganzen Übels. Vielleicht wird er jetzt schon ein bißchen über sich selbst zu lächeln beginnen und merken, wie winzig die Ursache und wie groß die Auswirkungen sind. Vielleicht wird ihm sogar einfallen, daß seine Mutter ihn immer beschimpft hat, weil er die Zahnpastatube falsch ausgedrückt hat. Er hat in einem solchen Fall also diesen Befehl zwanghaft weitergegeben. Wenn wir unseren Patienten sanft, aber bestimmt beim Thema, nämlich der Zahnpastatube, halten, kommt ihm schließlich das ganze Wie, Was und Warum zu Bewußtsein. Das ist meist ein Moment großer innerer Erleichterung und nicht selten der Anstoß für ein herzhaftes Lachen über sich selbst und – der erfolgreiche Abschluß der Behandlung.
Zu diesem Zeitpunkt wird unseren Patienten das leidige Zahnpastatuben-Thema nicht mehr interessieren, ihn eher gereizt und abwehrend reagieren lassen.

Auch wenn dieses Beispiel geradezu lächerlich erscheint, so können wir doch diesen Mechanismus bei vielen ähnlichen Themen im Alltag aus nächster oder allernächster Nähe beobachten. Vielleicht auch bei uns selbst?!
Wir erkennen, wie ernst wir eine solche Angelegenheit nehmen, sobald wir selbst darin verstrickt sind.
Nehmen wir als ein weiteres Beispiel die Angst. Angst ist ein sehr weit verbreitetes Phänomen. Gerade bei der Behandlung von Schwerkranken, besonders bei krebskranken Patienten, ist Angst ein vorrangiges Symptom. Diese Angst führt nicht selten dazu, daß diese Menschen sich kaum auf etwas konzentrieren, kaum am Gespräch teilnehmen können und somit auch vieles von dem, was man ihnen im Zusammenhang mit ihrer Erkrankung erzählt, nicht richtig oder völlig falsch wahrnehmen. Gerade diese Angst läßt sich sehr leicht lösen. Ich lasse den Patienten aussprechen: "Ich habe Angst." Dieses mehrfache Aussprechen bewirkt eine Art innere Kopplung von Gedanken und Emotionen. Die Angst kommt richtig hoch. Vielleicht fängt der Patient an zu zittern oder heftig zu weinen. Gerade Weinen ist bereits eine große Erleichterung. Ich frage dann "Wovor haben Sie am meisten Angst?" und lasse den Patienten erzählen. Dann wiederhole ich diese Frage, und weitere Gedanken und Emotionen kommen hoch. Das ist manchmal nicht leicht zu ertragen. Doch da ich erfahren habe, daß ich dem Patienten helfe, fällt mir das Fragen und Zuhören nicht mehr schwer. Ich weiß , wie erleichtert der Patient ist, wenn er einmal frei und offen über seine innere Anspannung sprechen kann.
Durch die Frage "Wovor haben Sie am meisten Angst?" können alle diesbezüglichen Gebiete und Ereignisse besprochen werden. Ist das Thema Angst schließlich entladen, wird der Patient sagen, daß er eigentlich doch keine so große Angst habe. Nun weiß ich, daß der Patient "ganz da" ist und ich mit ihm über die weiteren Behandlungsmaßnahmen sprechen kann.

Dieses Gespräch über die Angst dauert meist nur fünf bis höchstens zehn Minuten und hat einen enormen Effekt. Es bedeutet nicht unbedingt, daß das Thema Angst grundsätzlich erledigt ist. Das wird in diesem Fall erst bei erfolgreicher Behandlung der Krankheit geschehen. Es bedeutet aber einen enormen Gewinn für Arzt und Patient, da der Patient jetzt wirklich das aufnehmen kann, was der Arzt ihm erzählt.
Was geschieht, wenn gerade bei schwerkranken Patienten Aufklärungsgespräche oder Besprechungen weiterer Therapien erfolgen, bei denen nicht die Spannung zuvor entladen ist, schilderte mir kürzlich eine Psychologin:
Ärzte im Krankenhaus hatten mit krebskranken Patienten Gespräche über Krankheit und Therapie geführt. Diese Gespräche waren auf Tonband aufgezeichnet worden. Auch wenn diese Gespräche bis zu einer halben Stunde dauerten, konnte sich anschließend fast keiner der Patienten an den Inhalt der Gespräche erinnern. Sie waren völlig verblüfft, wenn ihnen mittels Tonband vorgeführt wurde, daß tatsächlich ein Gespräch über Krankheit und Therapie stattgefunden hatte. Hier waren offensichtlich infolge der hohen Anspannung die Kommunikationskanäle derartig überlastet, daß fast nichts mehr ihr Bewußtsein erreichen konnte.
Schlimmer noch ist, wenn der Inhalt der Gespräche infolge der übermächtigen Angst völlig verfälscht ankommt. Dies habe ich früher oft bemerkt: Von etwa zehn Punkten, die besprochen wurden, blieben lediglich zwei negative Punkte im Gedächtnis des Patienten haften. Das war häufig Ursache für weitere Ängste und sogar für Aggressionen.
Wenn wir Patienten dazu bringen, ihre Ängste, Sorgen und Nöte zu formulieren und auszusprechen, können wir diesen Menschen helfen, sich von innerer Anspannung zu befreien. Nachdem wir in einem gezielten Gespräch den Themenbereich eingekreist haben, der die innere Anspannung auslöst, lassen wir die besonders aufgeladenen Worte

und Sätze mehrfach aussprechen. Dann koppeln die damit verbundenen Erlebnisinhalte und verlieren an Kraft, sobald sie zur Sprache gebracht werden. Versuchen Sie es einmal! Es ist verblüffend einfach. Wichtig dabei ist weniger das Erfassen der Bedeutung als vielmehr die Energieentladung. Die dem Ganzen zugrundeliegende Bedeutung taucht irgendwann von allein auf und kann vom Patienten erkannt werden.

In diesem Kapitel befassen wir uns mit dem Thema Programme und Energie. Wir suchen also nach Ereignissen, die zu einer Energieaufladung geführt haben. Dies ist besonders bei Verletzungen gegeben. Wenn ich mich verletze, schreie ich normalerweise laut und deutlich: "Aua!" Dies ist ein Versuch, den Schmerz loszuwerden, ihn zur Sprache zu bringen, ihn auszudrücken. Bei Kindern ist dieser sehr gesunde Mechanismus noch unverfälscht vorhanden. Wenn ein Kleinkind hinfällt, wird es so lange weinen, bis der Schmerz vorbei ist. Leider bleibt es nicht so. Durch Redensarten wie "Ein Indianer kennt keinen Schmerz" oder "Ein Junge weint nicht" wird dieser gesunde Mechanismus nicht selten verdorben. Dann beginnen wir nämlich, Schmerz und Mißemotion zu unterdrücken. Diese werden dann lediglich im Gedankenbereich aufgezeichnet wie auf einem Magnetband, und sie sind weiterhin mit diesem Ereignis verknüpft. Da dieser Bereich jetzt aufgeladen ist, werden wir für ihn empfindlicher. Wir werden von nun an bei ähnlicher Tätigkeit wie jener, die zu der Verletzung geführt hat, vorsichtiger. Diesen Mechanismus finden wir zur Genüge bei Sportlern: Fußballspieler gehen Zweikämpfen aus dem Weg, was die Verletzungsgefahr nicht zwangsläufig vermindert; Skiläufer werden vielleicht an der gleichen Stelle erneut stürzen; Tennisspieler werden bestimmte Bewegungen vermeiden, was ihrer Schlagtechnik nicht gerade zugute kommt.

Wir können hier zwei Mechanismen erkennen. Zum einen

wird versucht, eine ähnliche Verletzung zu vermeiden, zum anderen wird diese Art der Verletzung aber dennoch immer häufiger. Die Erklärung dafür liegt auf der Hand: Der durch die Verletzung energetisch aufgeladene Bereich zieht ähnliche Ereignisse geradezu magnetisch an, wogegen wir uns nur durch unseren Willen ("Ich will nicht . . .") und durch Vermeiden zu schützen versuchen. Ich denke, zu diesem Thema hat jeder schon seine eigene Erfahrung gemacht.
Wie kann man Abhilfe schaffen?
Die Abhilfe besteht einfach darin, den Betreffenden das Ereignis wiedererleben zu lassen. Wenn bei der Schilderung der Ereignisse auf irgendeinem der erzählten Sätze besonders viel Ladung liegt, kann ich den Satz mehrfach wiederholen lassen. Schließlich wird dieses Ereignis ladungsfrei sein, es wird den Patienten auch nicht weiter interessieren. Da es sich um ein echtes Wiedererleben handelt, sollte man nicht überrascht sein, wenn die mit dem Ereignis verbundenen und beim Ereignis unterdrückten Schmerzen und Empfindungen unvermittelt und zum Teil recht stark wieder "hochkommen". Dann erleben wir, daß der Patient plötzlich laut "Aua" schreit oder anfängt zu weinen und zu sagen: "Das tut so weh." Schließlich wird der Betreffende das Ereignis dann ohne Mißempfindungen erzählen können.
Mit dieser einfachen Technik könnte die Verletzungsfolge und Verletzungshäufigkeit bei Sportlern drastisch gesenkt werden.
Im Kapitel "Wie entsteht Spannung beim Menschen?" haben wir bereits erfahren, daß innere Spannung entsteht, wenn zum gleichen Thema verschiedene oder vielleicht sogar entgegengesetzt wirkende Programme tätig sind. Gleiches geschieht auch dann, wenn ich ein Programm aufstelle und aktiviere, das den physikalischen oder geistigen Gesetzen widerspricht.
Zwei einfache Beispiele: Wenn ich aus dem vierten Stockwerk eines Gebäudes springe, werde ich entweder schwer

verletzt oder sogar an den Folgen des Sturzes sterben. Der Sprung ist eine Nichtachtung des physikalisches Gesetzes der Schwerkraft. Als Folge wird viel zerstörerische Energie in meinem Körper "hängenbleiben". Wenn ich lüge, werde ich ebenfalls unter Spannung stehen, da ich anschließend Angst haben muß, daß meine Lüge aufgedeckt wird oder ich in ähnlicher Form behandelt werde. Eine Lüge ist demnach ein Verstoß gegen ein geistiges Gesetz.
Wenn ich ein Gebiet habe, auf dem ein Mensch unter Spannung gerät, kann ich sicher sein, daß dahinter ein Programm steckt, das gegen physikalische oder geistige Gesetze verstößt. Solange ich dieses Programm nicht aufdecke, wird dieser Mensch weiterhin anfällig sein für ähnliche Ereignisse. Die sprachliche Entladung ist dann nur eine vorübergehende Entlastung. Doch auch das ist oft schon ein enormer Gewinn.

Programme und Raum

Kommen wir nun zum menschlichen Körper. Mit unseren fünf Sinnen (Sehen, Hören, Fühlen, Riechen, Schmecken) können wir unseren Körper materiell und räumlich wahrnehmen. Die Anatomie lehrt uns die Kenntnis vom materiellen Aufbau unseres Körpers. In der Biochemie erfahren wir die chemische Zusammensetzung des Organismus und die darin ablaufenden chemischen Vorgänge. In der Physiologie lernen wir die funktionellen Zusammenhänge der Vorgänge in einem Organismus.
In Analogie zu unserem Computermodell stellt der Körper die Hardware dar. Innerhalb des Körpers finden wir auch die Software. Diese kann den gleichen Raum wie die Hardware einnehmen, da sie aus viel feineren elektromagnetischen Schwingungen aufgebaut ist. Nach unserer Modellvorstel-

lung entspricht die Software beim Menschen dem Gedanken-, Vorstellungs- und Empfindungsbereich.
Den Softwarebereich können wir mit unseren fünf Sinnen nicht mehr erfassen, sondern nur mit unserem Denken und Empfinden. Es war eine große Überraschung für mich festzustellen, daß der Gedanken- und Empfindungsbereich sich tatsächlich auf die Organe und Körperbereiche projiziert, an denen wir auch unsere Beschwerden festgestellt haben. Doch auch diese Erkenntnis ist nicht völlig neuartig.
Ken Dychtwald schreibt in seinem Buch "Körperbewußtsein": "Während ich Zeuge bin, wie mehr und mehr Gruppenmitglieder (...) einer speziellen Tiefengewebsmassage unterzogen werden und ich an ihren Emotionen teilhabe, stelle ich fest, daß bei den verschiedenen Behandelten viele sich ähnelnde Erinnerungen in das Bewußtsein zurückgeholt und abreagiert werden. Merkwürdig ist jedoch die Reaktion von verschiedenen Patienten auf die Behandlung gleicher Körperteile. Das Gefühl und die Erinnerung, allein gelassen zu werden, taucht zum Beispiel häufig auf, wenn die Brust des Patienten massiert wird. Die Muskelbehandlung der oberen Rippenpartie löst oft Wut aus. Die Massage der Kieferpartie setzt Trauer frei, die der Hüften sexuelle Reaktionen, die Massage der Schulterpartie ist von Erinnerungen an Sorgen und streßerzeugende Verantwortung begleitet. Man gewinnt den Eindruck, daß der Körper einer großen Schalttafel gleicht: Wenn bestimmte Schalter an den gleichen Körperteilen verschiedener Menschen betätigt werden, kommen ähnliche Erinnerungen und Empfindungen auf."
Tietze schreibt dazu in seinem Buch "Entschlüsselte Organsprache": "Auf den ersten Blick scheint ein solcher Zusammenhang unmöglich. Es fällt schwer zu glauben, daß Emotionen im Körper gespeichert sind, einmal ganz abgesehen davon, daß diese Speicherung auch noch einer systematischen Anordnung unterliegen soll."

Diese Erfahrungen kann ich nur bestätigen. Allerdings habe ich diese Erfahrungen nicht mittels Massage gemacht. Ich habe die Patienten angeleitet, mit ihrem geistigen Auge zu schauen.
Wie bereits berichtet, beginnen Patienten bei der Konzentration auf bestimmte Körperregionen nach einer gewissen Weile damit, mehr als nur die körperlichen Strukturen zu sehen. Sie sehen dann mit ihrem geistigen Auge Farben, Gedankeninhalte, und es kommen Empfindungen hoch. Wenn die Gedankeninhalte erkannt und die Empfindungen entladen sind, verschwinden augenblicklich die körperlichen Mißemotionen und Symptome.

Behandlungstechniken

Der Patient schließt die Augen und beginnt zunächst mit einer Konzentrationsübung. Ich weise ihn an, seine Aufmerksamkeit auf ganz bestimmte Punkte des Körpers zu lenken, zum Beispiel auf die Fingerspitze des rechten kleinen Fingers, dann auf die Fingerspitze des rechten Zeigefingers und so weiter. Wird der Patient schließlich nicht mehr durch äußere Dinge abgelenkt, so soll er sich auf den Stirnbereich zwischen den Augenbrauen am verlängerten Ende der Nasenwurzel konzentrieren. Hier projiziert sich im allgemeinen das Ich. Der Patient ist jetzt voll konzentriert und kann seine Aufmerksamkeit lenken. Dann weise ich den Patienten an, mit seinem geistigen Auge auf eine bestimmte Körperregion zu schauen. Erstaunlicherweise wird diese Anweisung in den meisten Fällen sofort verstanden und ausgeführt. Der Patient ist dabei voll bewußt und unterliegt keinerlei hypnotischer Beeinflussung. Die Anweisungen dienen lediglich der Führung der Aufmerksamkeit. Schaut jetzt der Patient auf einen bestimmten Körperbereich, zum Beispiel die rechte Schulter, so bekommt er zunächst

eine Vorstellung von den dort befindlichen körperlichen Strukturen entsprechend unserer normalen Vorstellung des Körpers. Ich bitte den Patienten, sich diesen Bereich als Raum vorzustellen, in den er hineinschaut. Sollte dies nicht ganz verständlich sein, so füge ich hinzu, er möge sich diesen Raum vorstellen wie ein Zimmer, das von lauter Glaswänden umgeben ist. In den meisten Fällen beginnt der Patient jetzt, mit dem geistigen Auge zu sehen.
Wenn es sich um die Behandlung von unklaren Schmerzen oder Mißempfindungen handelt, bei denen die übliche körperliche Untersuchung keinerlei Ergebnis gebracht hatte, bitte ich jetzt den Patienten, sich auf den Schmerz in diesem Raumbereich zu konzentrieren. Ich frage dann: "Welche Farbe hat der Schmerz?" Der Patient hat in der Regel jetzt eine Farbempfindung und teilt sie mir mit. Schmerz wird meist als rote Farbe gesehen beziehungsweise empfunden. Dann frage ich: "Mit welcher Empfindung ist das Ganze verbunden?" und anschließend: "Welche Gedanken und Vorstellungen sind damit verknüpft?"
Die Frage "Mit welcher Person ist das Ganze verknüpft?" ist sehr wichtig. Hier wird zumeist eine andere Person genannt (Mutter, Chef, Ehepartner, Bruder) oder einfach: der Patient selbst. Oft mag unser Patient nicht mit der richtigen Antwort herausrücken und versucht, dieser Frage auszuweichen. Dann müssen wir darauf beharren, daß er uns die erste Person nennt, an die er gedacht hat, auch wenn ihm der Zusammenhang vielleicht noch nicht ganz klar ist oder ihm das Nennen dieser Person unangenehm ist.
Der Sinn all dieser Fragen ist, daß die Zusammenhänge immer klarer werden, die zu dieser belastenden Mißempfindung geführt haben. Deshalb stellen wir unsere Fragen: Welche Farbe sehen Sie? – Mit welcher Empfindung ist das Ganze verbunden? – Mit welchen Gedanken und Vorstellungen ist es verbunden? – Mit welcher Person ist das Ganze verbunden?

Bei dem Patienten koppeln jetzt Empfindungen, Gedanken und Vorstellungsinhalte. Es tauchen Erlebnisse auf, die wiedererzählt und wiedererlebt werden. Die Ladung wird hierdurch aus dem Erlebnis entfernt. Ist das Ganze nicht zu kompliziert und nicht zu sehr verknüpft mit anderen Ereignissen, erkennt der Patient, welche Gedanken, Vorstellungen und Empfindungen ihn belasten, so wird er schlagartig beschwerdefrei. Verbunden mit der Beschwerdefreiheit ist in den meisten Fällen, daß der entsprechende Raum jetzt als hell, strahlend hell oder weiß gesehen wird.
Lassen Sie mich ein authentisches Beispiel erzählen: Eine Patientin hat starke Rückenschmerzen. Sie konzentriert sich und schaut auf den Schmerzbereich. Sie beginnt dann, mit ihrem geistigen Auge zu sehen. Der Schmerzbereich erscheint rot. Gedanken steigen in ihr auf, Gedanken an ein befreundetes Ehepaar, das in Streit und Unfrieden lebt. Ein Gedanke kommt immer wieder: "Er tut mir leid (weh!), ich kann ihm nicht helfen." Nach mehrmaligem Aussprechen dieses Satzes läßt der Schmerz nach, verschwindet jedoch nicht ganz. Ein früheres Ereignis im Zusammenhang mit einem ehemaligen Freund taucht auf. Auch hier denkt sie: "Er tut mir leid, ich kann ihm nicht helfen." Die Schmerzen lassen weiter nach, ohne ganz zu verschwinden. Schließlich kommen Bilder aus der Kindheit, Ereignisse, bei denen die Patientin gedacht hatte: "Ich tue mir leid (weh!), keiner kann mir helfen". Sie weint schrecklich. Nachdem alles ausgesprochen ist, ist der Schmerz vollständig verschwunden!
Eine weitere Technik ist möglich: Ich lasse den voll konzentrierten Patienten auf den Schmerz in dem angesprochenen Raum schauen. Anschließend bitte ich ihn, sich um die Vorstellung zu bemühen, daß er den Schmerz auf einen Punkt zusammenzieht und diesen Punkt in seiner Vorstellung wegwirft. In den meisten Fällen ist der Patient schlagartig schmerzfrei. Hierüber war ich anfangs sehr überrascht, konnte dieses Phänomen jedoch regelmäßig beobachten.

Wir haben hier ein weiteres Beispiel dafür, daß das Ich Macht und Kontrolle über den Empfindungs- und Gedankenbereich hat und die damit verbundene Energie.
Hier eine weitere Technik zur "Raumbehandlung": Der voll konzentrierte Patient schaut mit seinem geistigen Auge auf den entsprechenden Raum. Sobald es ihm gelingt, nicht mehr die körperlichen Strukturen, sondern die entsprechenden energetischen Strukturen wahrzunehmen, lasse ich ihn in diesen Raum vorstellungsmäßig einen weißen Lichtpunkt setzen. Dies gelingt besonders bei Patienten, die sich sehr gut konzentrieren können. Anschließend veranlasse ich den Patienten, diesen Lichtpunkt langsam auf den gesamten diesbezüglichen Raum auszudehnen. Wenn dies gelingt und der Patient diese Vorstellung eine Weile aufrechterhalten kann, verschwindet der Schmerz aus diesem Körperbereich.
Diese Behandlung konnte ich bei einem Tennispartner erfolgreich anwenden. Dieser hatte sich eine Zerrung zugezogen, und ich bat ihn, sich mit mir auf die Bank am Rande des Tennisplatzes zu setzen. Da er meine Behandlungsmethoden schon kannte und außerdem natürlich auch die Schmerzen loswerden wollte, machte er willig mit. Fünf Minuten später konnte er beschwerdefrei das Spiel fortsetzen. Daß ich anschließend das Tennis-Match verlor, war allerdings ärgerlich . . .
Die oben erwähnten Behandlungsmethoden sind bei Schmerzen und Mißempfindungen aller Art sehr erfolgreich. Dies gilt besonders dann, wenn keine organische Erkrankung vorliegt. Ein ähnlicher Erfolg läßt sich bei leichteren organischen Erkrankungen erzielen, wie zum Beispiel bei Zerrungen, Schnupfen, Nasennebenhöhlenentzündungen, Halsentzündungen und so weiter.
Dazu noch ein weiteres Beispiel aus der Praxis: Eine Patientin kommt mit sehr starken Halsschmerzen zur Behandlung. Sie habe das Gefühl, als ob ihr der Hals zugedrückt werde

und sie ersticken müsse. Wir machen eine gründliche organische Untersuchung einschließlich Labor, Ultraschall und Röntgen. Es findet sich keine organische Erkrankung.
Die Patientin ist verzweifelt und sagt: "Aber da muß doch etwas sein, sonst hat man doch nicht solche Beschwerden!"
Natürlich muß da etwas sein, nur eben nicht im organischen, sondern im Gedanken- und Empfindungsbereich.
Die Patientin willigt in ein Gespräch ein. Sie konzentriert sich, und schon nach wenigen Minuten gelingt es ihr, mit ihrem geistigen Auge die Gedanken und Mißempfindungen im Halsbereich zu sehen. Ich stelle lediglich die oben erwähnten drei Fragen.
Aus Zeitgründen muß ich das Gespräch nach zwanzig Minuten abbrechen. Zwar haben die Beschwerden nachgelassen, sind jedoch nicht verschwunden. Doch die Fragen wirken nach.
Am nächsten Tag bekomme ich folgenden Brief:
"Ich hab's gefunden!! Drei Stunden hat es gedauert, den gesamten Nachmittag habe ich gepuzzlet, sortiert, nachgedacht (. . .), und auf einmal machte es 'Plumps'. Ich wußte, ich hab's gefunden: Ich konnte mich nicht mehr mitteilen (. . .) Wie Schuppen fiel es mir von den Augen, wie soll ich verständlich werden können, wie kann ich Hilfe erwarten, wenn ich mich nicht hundertprozentig mitteile?"
Und dann kam die Geschichte eines lange bestehenden Konfliktes. Das Ergebnis: "Nun habe ich mich mitgeteilt. Mein Druck im Hals ist weg, nichts mehr seit Stunden!"

Programme und Zeit

Alle in der Natur und so auch beim Menschen vorkommenden Prozesse sind mit Energie verbunden, und sie alle finden in einem bestimmten Raum und zu einem bestimm-

ten Zeitpunkt statt. "Alles hat seine Stunde", sagte schon der Prophet Kohelet im Alten Testament.
Wenn wir also einen Prozeß exakt bestimmen wollen, so brauchen wir die mit diesem Prozeß verbundene Energie, den Raum, in dem der Prozeß stattfindet, sowie die Zeit, wann er stattfindet. Gleiches gilt auch für die Programme, denen wir hier auf die Spur kommen wollen. Auch hier gilt: Alles hat seine Zeit.
Da wir beim Menschen den Empfindungs-, Gedanken-, Vorstellungs- und Körperbereich mit einem riesigen Computer vergleichen können, dessen Ausmaße mit einem technisch gefertigten Computer auch nicht andeutungsweise verglichen werden können, so können wir feststellen, daß jeder Prozeß, jedes Ereignis, jede Entstehung eines Programmes mit einer ziemlich exakten Zeit verbunden ist. Daher müssen wir uns auch auf die Suche nach dieser Zeit machen. In der Fachsprache der Computertechnik nennt man diesen Vorgang: "Wir müssen die richtige Maske finden." Nur wenn wir die "richtige Maske" finden, nur wenn wir die exakte Zeit finden, in der ein Programm entstanden ist, nur dann werden wir das Programm wieder löschen können. Erst wenn ein bestimmter Sachverhalt dem Patienten mit allen dazugehörigen Informationen (Energie, Raum und Zeit) bewußt wird, kann das (Fehl-)Programm wieder aufgehoben werden.
Wem dies zu abstrakt ist, gebe ich hier ein bereits erwähntes authentisches Beispiel: Ein dreizehn Jahre alter Junge mag kein Obst und Gemüse mehr essen. In unserem Gespräch stoßen wir auf ein bestimmtes, lange zurückliegendes Ereignis: Der Junge beißt in eine faule Mandarine, es ekelt ihn fürchterlich, und er beschließt: "Ich werde nie mehr Obst und Gemüse essen."
Dieses Ereignis verschwindet bald aus seinem Bewußtsein. Er erinnert sich nicht mehr daran. Später wird er zur Überraschung seiner Eltern kein Obst und Gemüse mehr mögen.

Falls er dennoch versuchen wollte, dies zu essen, wird das Programm aktiv, und er bekommt Magenbeschwerden, Übelkeit und Erbrechen.
Nachdem ihm das Grundereignis wieder zu Bewußtsein geführt wird, und dazu gehört die genaue zeitliche Datierung, ist die Wirkung seines Beschlusses wieder aufgelöst. Nur bei Wiederauffinden der exakten Zeit löst sich nämlich die energetische Verknüpfung wieder auf.
Wie finde ich diese genaue Zeit, wo uns das Ganze doch nicht mehr bewußt ist?
Zu unserer Überraschung ist das zeitliche Wiederauffinden von Ereignissen, obwohl sie uns nicht mehr bewußt sind, relativ einfach. Es gelingt allerdings nicht mittels Erinnerung und Gedächtnis. Wenn ich diesen Jungen frage, seit wann er kein Obst und Gemüse mehr mag, wird er mir nur mißmutig antworten: "Das weiß ich doch nicht mehr" oder "Woher soll ich denn das noch wissen?"
Die erneute Wiedergewinnung des entsprechenden Zeitpunktes gelingt also nicht mittels Erinnerung und Gedächtnis, sondern im Gespräch mit der Anweisung: "Geh zu dem Zeitpunkt zurück, an dem du kein Obst und Gemüse mehr essen wolltest." Dann wird ein derartiges Ereignis hochkommen. Wenn dieses Ereignis wiedererlebt und wiedererzählt ist, kommt die nächste Anweisung: "Geh zu einem früheren ähnlichen Ereignis, wo du kein Obst und Gemüse mehr essen wolltest." Wenn wir diese Prozedur konsequent fortsetzen, taucht schließlich das Grundereignis auf. Erstaunlicherweise ist es in unserem Riesencomputer ganz genau mit der Zeitangabe abgespeichert. Diese Zeitangabe kann auch objektiv sehr genau sein, zumindest ist sie jedoch subjektiv sehr genau. Das heißt, daß die Zeitangabe mit dem Zeitpunkt verknüpft ist, den der Patient empfunden hat. Hat er sich an diesem Tag im Datum geirrt, hat er immer gedacht, es wäre Mittwoch, obwohl es tatsächlich an einem Donnerstag war – nun, dann ist der Zeitpunkt des Ereignis-

ses eben als Mittwoch abgespeichert. Wir alle haben uns doch sicher schon einmal im Wochentag geirrt.
Wenn wir bei der Suche nach Ereignissen zeitlich zurückgehen, so entdecken wir – und natürlich auch der Patient –, daß wir uns in sehr frühe Zeitbereiche zurückversetzen können. Offensichtlich – und das ist nachweisbar – ist seit unserer Zeugung alles auch zeitlich genau aufgezeichnet. Es ist daher nicht erstaunlich, wenn Patienten auch das Ereignis der Geburt oder sogar noch früher liegende, also vorgeburtliche Ereignisse wiedererleben können. Da dies sehr überrascht, mißtrauen Patienten häufig den wiedererlebten Empfindungen, Gedanken und Vorstellungsbildern und klagen: "Aber daran kann ich mich doch gar nicht erinnern." Mit diesem Gedanken wird dann nicht selten dem weiteren Gespräch und seiner Intention die Grundlage entzogen. Da ein erfolgreiches Gespräch gerade das Wiedererleben voraussetzt und über das Aussprechen von Empfindungen, Gedanken und Vorstellungen abläuft, ist ein Zugriff nicht mehr möglich, wenn der Betreffende sich das Ganze einfach nicht mehr vorstellen kann oder denkt: "Das ist doch gar nicht möglich."
Daß alle Ereignisse, die wir je erlebt haben, derart genau gespeichert sind, war für mich auch eine große Überraschung. Ich erinnere mich an das Gespräch mit einer Patientin, bei der Bilder und Empfindungen auftraten, die ich einfach nicht einzuordnen wußte. Ich fragte sie dann: "Wie alt bist du?" Gemeint war natürlich, wie alt sie zum Zeitpunkt dieser Empfindungen war. Die Patientin antwortete spontan: "Keine." Das konnte nur bedeuten, daß sie zu diesem Zeitpunkt noch gar nicht geboren war! Es mußte sich also um ein traumatisches Erlebnis während der Schwangerschaft handeln, das wiedererlebt wurde.
Da ich das Ganze selbst kaum glauben mochte, habe ich bei den Eltern der Patientin nachgefragt. Mir wurde bestätigt, daß während der Schwangerschaft tatsächlich ein außerge-

wöhnlich schweres Ereignis stattgefunden hatte, das auf das noch ungeborene Kind Einfluß genommen hatte und auch noch viel später, quasi als Wiederholung des traumatischen Erlebnisses, in Form bestimmter Emotionen und Bilder auftauchte.
Ich fasse zusammen: Jedes Ereignis, das wir erlebt haben, ist exakt mittels Energie, Raum und Zeit aufgezeichnet, ist uns oft aber nicht mehr bewußt. Dies ist für die Wiederauflösung von fehlerhaften Programmen von großer Bedeutung.

Ein Beispiel

Um die Gesprächsführung noch deutlicher zu machen, möchte ich auf ein tatsächliches, hier nur ein wenig abgewandeltes Ereignis genauer eingehen.
Es handelt sich um eine vierzig Jahre alte Patientin, die ständig Probleme in ihrer Partnerschaft hat und gerade wieder einen ziemlichen Streit erlebt hat.
Ich lasse die Patientin zunächst in freier Form von diesem Streit erzählen. Anschließend frage ich sie immer wieder, was bei diesem Streit für sie besonders schlimm gewesen sei. Jetzt bekomme ich verschiedenartige Antworten, wie zum Beispiel "Er beachtet mich einfach nicht genug." – "Er läßt mich ständig allein." – "Er macht einfach, was er will." – "Er erkennt mich gar nicht als Frau an." – "Er nimmt mich nicht mit auf seine Reisen." – "Er will mich einfach nicht ständig in seiner Nähe haben."
Nachdem die Patientin ausgiebig erzählt hat, was sie bei diesem Streit besonders gestört, was ihr besonders mißfallen hat, gehen wir das Ganze erneut durch. Ich frage hartnäckig und eindringlich immer wieder, was für sie denn besonders schlimm sei. Schließlich kristallisiert sich eine Aussage heraus, in diesem Fall: "Er erkennt mich einfach nicht als Frau an."

Jetzt lasse ich die Patientin diesen Satz mehrmals aussprechen. Wenn der Satz unter Ladung steht, wird es irgendeine innere Kopplung geben. Nach mehrmaligem Aussprechen frage ich, wie sie innerlich auf diesen Satz reagiert habe. Sie sagt, daß ihr ganz heiß und schwindlig werde. Ich weiß jetzt, daß dieser Satz aufgeladen ist, daß wir also einen "heißen" Bereich gefunden haben. Ich lasse die Patientin den Satz weiterhin aussprechen, bis die Ladung "entschärft" ist und das Hitzegefühl und der Schwindel nachlassen.
Jetzt begeben wir uns auf die Zeitsuche. Ich bitte die Patientin, sich an ein früheres Ereignis zu erinnern, bei dem sie die Empfindung oder den Gedanken gehabt hat: "Er erkennt mich einfach nicht als Frau an." Es taucht ein Ereignis auf, das nur zwei Wochen zurückliegt. Dieses Ereignis soll sie wiedererleben und wiedererzählen. Dann weise ich die Patientin an, nach einem früheren ähnlichen Ereignis zu suchen. Jetzt taucht ein Ereignis im Zusammenhang mit einem früheren Freund auf, zum Beispiel 1980, dann ein Ereignis mit einem noch früheren Freund aus dem Jahr 1970.
Schließlich kommt ein Ereignis im Zusammenhang mit dem Vater zum Vorschein, und schlußendlich sind wir beim Grundereignis: Ihr Vater hatte sich eigentlich einen Jungen gewünscht. Mit dieser Empfindung und mit diesem Gedanken ist er erstmalig dem gerade geborenen Säugling gegenübergetreten. Da Gedanken und Empfindungen Energiewellen sind, die durchaus – und unabhängig vom Alter eines Menschen – empfangen werden, wenn der entsprechende Kanal geöffnet ist, ist bei der Patientin die Empfindung angekommen: "Als Mädchen erkennt er mich gar nicht an."
Diese Empfindung brennt sich tief ein, zunächst dem Vater gegenüber, später allen Männern gegenüber. Das hat leider erhebliche Auswirkungen.
Nachdem die Patientin das Grundereignis wiedererlebt und

wiedererzählt hat, werden ihr endlich die ganzen Zusammenhänge klar. Wie ein Film in rasendem Zeitraffer laufen die ähnlichen Ereignisse vor ihrem geistigen Auge ab.
Sie erkennt die Zusammenhänge, begreift die Bedeutung. Zunächst ist sie noch etwas benommen davon, daß dieses Ereignis solch eine Auswirkung hatte. Dann ist sie wütend auf ihren Vater, schließlich ist sie erleichtert, daß ihr nun alles in Bezug auf dieses Thema bewußt geworden ist. Das Programm ist gelöscht. Es ist nicht mehr Ursache für einen Streit mit dem Partner, wie mir später die Patientin berichtet.
Bei diesem Beispiel wird wieder ein Aspekt auffällig, den ich bereits im Kapitel über die Professionalisierung des eigenen Leidens erwähnt habe: Wenn ich ein Störprogramm auf der Empfindungs-, Gedanken- und Vorstellungsebene gespeichert habe, so werde ich mich intuitiv sehr viel damit beschäftigen.
Häufig suche ich auf der falschen Ebene, zum Beispiel der Ebene des Tuns und Handelns nach Ursache und Erklärung. In diesem Fall ist es natürlich der "böse" Partner, den ich für die Mißstimmung verantwortlich mache. In Wirklichkeit erlebe ich nur, was ich selbst ausstrahle, und komme nur mit den Partnern zusammen, die ich über diese Ausstrahlung anziehe. Wenn ich nicht auf der falschen Ebene suche, so kann ich nach dem Gesetz der wiederholten Gelegenheit meinem eigenen Falschprogramm auf die Spur kommen und es auflösen.
Beispiele für dieses Phänomen kennt jeder von uns. Da ist die nette, hübsche Nachbarin, die ausgerechnet einen Mann heiratet, der sich schließlich als Alkoholiker entpuppt. Nach fünf Jahren Streit, Zank und sogar Prügel hat sie sich mit letzter Kraft von diesem Mann getrennt. Nur wenig später verliebt sie sich in einen Mann, dessen Alkoholprobleme bekannt sind. Jeder hat sie gewarnt, doch vergeblich. Nun ist sie in der gleichen Situation, vielleicht sogar in einer noch schlimmeren. Wenn sie auf der richtigen Ebene sucht,

hat sie eine Chance, den Grund ihrer Schwäche für diese bestimmte Art von Partnern zu erkennen. Bis das geschehen ist, wird sich in Bezug auf Partnerschaft immer wieder das gleiche wiederholen. Erst wenn das (falsche) Programm bei ihr – und nicht etwa bei dem Mann! – erkannt und aufgehoben ist, wird es sich ändern.

Das Auflösen von Phantombildern

Der Bereich der Gedanken und Vorstellungen hat beim inneren Aufbau des Menschen eine recht hohe Stellung. Er hat die Tendenz, sich auszuwirken, sich umzusetzen, sich also auch in der äußeren Realität zu manifestieren. Gedanken und Vorstellungen sind also Kräfte. Sie haben Macht sowohl über andere als auch Macht über uns selbst, insbesondere dann, wenn sie sich mit Energie und Emotionen aufgeladen haben und ins Unterbewußtsein abgeglitten sind.

Es ist bekannt, daß Emotionen wie Haß, Liebe, Wut, Zorn, Ärger und auch Angst oder Verzweiflung starke Triebfedern, also energetische Kräfte sind.

Die Vorstellungen, die wir uns von uns selbst und anderen gemacht haben, haben also tiefgreifende Auswirkungen. Sind uns diese Vorstellungen nicht bewußt, so können sie durch Auslöseimpulse aktiviert werden, die uns ebenfalls nicht bewußt sind. Wir erleben dann nur die Auswirkungen und suchen die Ursachen auf der falschen Ebene.

Vorstellungen wirken wie Schablonen, die in uns den Blick auf die wahre Wirklichkeit verstellen – Herr Meier ist nun mal geizig und streitsüchtig. Da wird er machen können, was er will. Wenn dies unsere Vorstellung ist, werden wir seine anderen Charaktereigenschaften gar nicht mehr wahrnehmen können. Es läßt sich leicht vorstellen, daß diese

Tatsache erhebliche Auswirkungen für uns selbst und andere hat.
"Ich tauge nichts." – "Mir gelingt aber auch gar nichts." – "Ich habe immer Pech." Das sind nicht seltene Vorstellungen, mit denen wir uns selbst abwerten und unterdrücken. Ähnliches geschieht auf Grund der negativen Vorstellungen, die wir uns über andere Menschen bilden. Alle diese Vorstellungen können auf uns selbst zurückschlagen, und dies tun sie auch.
Glücklicherweise können wir diese so ungünstigen Vorstellungen jedoch auch wieder auflösen. Ich nenne dies die Auflösung von Phantombildern. Hier ein Beispiel, wie diese Auflösung solcher Phantombilder vor sich geht:
Frau Meier hat Schwierigkeiten mit ihrem Ehepartner. Ständig gibt es Ärger, Streit und Disharmonie. Ich bitte sie, sich das Bild ihres Partners vor ihr geistiges Auge zu holen. So etwas gelingt meist recht gut. Ich frage zunächst: "Was empfinden Sie beim Anblick Ihres Mannes?" Es folgt, wie nicht selten in einem solchen Fall, ein ganzer Schwall von Mißemotionen, von Berichten über ärgerliche Situationen – kurz: über alles das, was an Zank und Streit angefallen ist. Ich lasse dies alles erzählen. Dann stelle ich die Frage: "Was möchten Sie Ihrem Mann gern einmal sagen?" Meist geht das Geschimpfe erneut los. Ich frage: "Was scheint er Ihnen zu antworten?" Auch das lasse ich die Patientin in Ruhe erzählen.
Anschließend stelle ich die erste Frage erneut. Jetzt ist die Emotion meist schon etwas milder, es zeigt sich meist nur noch ein wenig Ärger, aber vielleicht auch ein wenig Trauer. Dann stelle ich auch die anderen beiden Fragen ein zweites Mal.
Mit Hilfe dieser drei Fragen veranlasse ich die Patientin, die ganze Ladung von dem Thema Ehemann "herunterzusprechen". Schließlich wird sie milder gestimmt werden, vielleicht hat sie auch ein bißchen Mitleid mit ihm oder empfin-

det sogar ein bißchen Zuneigung. Dann fordere ich die Patientin erneut auf: "Holen Sie sich Ihren Partner vor Ihr geistiges Auge. Schauen Sie ihm fest in die Augen." Dann bitte ich sie, in ihrer Vorstellung langsam auf dieses Vorstellungsbild zuzugehen und durch das Vorstellungsbild hindurchzugehen.

Jetzt wird die restliche Energie entladen, die noch in diesem — wohlbemerkt selbsterschaffenen — Phantombild steckte. Sollte es bei diesem gedanklichen Hindurchgehen durch das selbsterschaffene Vorstellungsbild zu weiteren Mißemotionen oder sogar zu körperlichen Reaktionen kommen, so fange ich erneut mit den drei Fragen an. Schließlich ist das Phantombild vollständig in sich zusammengestürzt und hat sich aufgelöst. Die Patientin hat jetzt wieder ein Vorstellungsbild vom Partner, das der Realität entspricht.

Diese Gesprächsform erfordert nur wenig Zeit und hat enorme Auswirkungen, wie mir regelmäßig berichtet wird. Die Patienten können jetzt ihrem Partner oder Chef wieder frei gegenübertreten und sind nicht mehr Sklave ihrer selbsterschaffenen Vorstellungsbilder.

Hier ein Ausschnitt aus einem Brief, den mir eine Patientin nach einem derartigen, relativ kurzen Gespräch schrieb. Diese Patientin war mit starken Herzbeschwerden gekommen, die sich organisch nicht erklären ließen.

"Eine mir unerklärliche Wandlung ist in mir vorgegangen, ich fühlte mich spontan frei und unbeschwert, als wäre eine Riesenlast von mir genommen, ja mehr, ich konnte an ihn [den Ehepartner, der Verf.] denken ohne Herzbeschwerden, ohne dieses enge Druckgefühl im Hals, ohne mich (wie bisher) zurückzuziehen, um mich auszuweinen, ohne Zukunftsangst und Verlassenheitsgefühl. Mehr noch, ich war seit zehn Tagen zum ersten Mal in der Lage, überhaupt nicht an ihn zu denken."

Harmonie

Ich zitiere erneut aus dem Buch "Leben unter Hochspannung":
"Ungefähr zwei Millionen Jahre sind wir Menschen alt. Entstanden sind wir unter dem Einfluß von Milliarden oder Millionen Jahre langer kosmischer Einstrahlung, durch die natürlichen elektromagnetischen Wellen und durch die gesamte Bioelektrizität um uns herum. Trillionen von verschiedenartigen natürlichen elektromagnetischen Feldern wirken hier ununterbrochen auf uns ein und leben in einer Harmonie zueinander. Jedes Organ, jede einzelne der Milliarden Zellen in uns empfängt diese vielschichtigen Schwingungen, verarbeitet sie und gibt sie weiter. Das bedeutet, daß alles Leben auf dieser Erde auf der Information dieser Urschwingungen basiert. Jedes Organ, jede Zelle hat seine eigenen Schwingungen, die genau aufeinander abgestimmt sind."
Harmonie ist ein ursprünglich griechisches Wort und bedeutet eigentlich "die Fügung". In der Musik kennzeichnet es einen wohltönenden Zusammenklang mehrerer Töne oder Akkorde. Bei Harmonie finden wir ein ausgewogenes, ausgeglichenes Verhältnis von Teilen zueinander, zum Beispiel bei Farben und Formen. Es bedeutet eine innere und äußere Übereinstimmung, einen Einklang, eine Eintracht. So kennen wir eine körperliche, eine seelische und eine geistige Harmonie unter den Menschen. Harmonieren steht für angenehmes Zusammensein, gut zusammenpassen, ein als angenehm empfundenes Ganzes bilden. Harmonisch ist etwas, was gut zusammenpaßt – ein ausgewogenes ganzes Bild, das im Einklang mit sich und mit anderen steht.
Harmonie begegnet uns in der gesamten Natur. Man denke nur an Blumenwiesen, einen Sonnenuntergang, an das Meer oder eine sternenklare Nacht. Harmonie begegnet uns auch in der Kunst, in der Dichtung, in der Malerei und

besonders natürlich in der Musik. Harmonie hat für uns Menschen einen wohltuenden, aufbauenden und beruhigenden Einfluß. Seine Bedeutung für die Gesundheit des Menschen ist gar nicht hoch genug einzuschätzen. In der Natur oder auch beim Anhören harmonischer Musik kommen unsere überreizten Nerven langsam zur Ruhe. Die vielen durch Disharmonie angeregten Störprogramme, die in uns angestoßenen Mißemotionen, flachen langsam ab. Unsere Stimmung steigt und damit die Kraft, Stimmungen zu überwinden und Schicksalsschläge zu verarbeiten.
Ebenso wie wir Harmonie in der Natur und bei den schönen Künsten lieben und schätzen, so wünschen wir uns auch Harmonie unter den Menschen. Diese Harmonie ist nur in gegenseitiger Liebe und Achtung zu erreichen. Sie soll aber auf keinen Fall verwechselt werden mit der sogenannten "heilen Welt", bei der die Gegensätze zugetüncht und unterdrückt werden. Sind Gegensätze da, so sollen sie überwunden werden, indem wir einander auf allen Kommunikationsebenen positiv, liebevoll und tolerant gegenübertreten. Harmonie wird erreicht durch Förderung von Eigenschaften wie Geduld, Toleranz, Verständnis, Entgegenkommen und Zuneigung. Hier gibt es noch viel zu lernen, wenn wir damit aufhören wollen, uns gegenseitig krank zu machen.

Das Ziel der Behandlung

Das Ziel der Behandlung ist das Ende der Be-Handlung und der Beginn von Handlung. Diesen etwas geheimnisvollen Satz möchte ich näher erläutern:
Das Wort Behandlung beinhaltet Passivität, Erleiden, Erdulden. Wenn ich behandelt werde, so bin ich selbst nicht mehr der Akteur, so habe ich selbst die Kontrolle verloren über

das, was in mir und mit mir geschieht. Das kann nicht der Sinn des Ganzen sein.
Wir haben erfahren, daß alle Impulse vom Ich ausgehen, daß alles das, was in mir und mit mir geschieht, letzten Endes aus mir selbst stammt. Hat ein anderer Einfluß auf mich, so muß ich es zu irgendeinem Zeitpunkt wenigstens zugelassen haben. Das Ziel muß also sein, daß der Betreffende seine Handlungsfähigkeit wiedergewinnt, daß er erkennt, daß er die Hauptperson im eigenen Lebensdrama ist, der Hauptakteur, die letztlich entscheidende Figur. "Jeder ist seines Glückes Schmied" — so sagt nicht umsonst der Volksmund.
Um dieses Ziel, nämlich die Wiedergewinnung der Handlungsfähigkeit, zu erreichen, gilt es, etliche Stufen zu erklimmen. Diese Stufen mögen bei jedem einzelnen in unterschiedlicher Abfolge vorkommen. Aus diesem Grunde möchte ich sie einmal in nicht streng verbindlicher Reihenfolge aufzählen:

1. Die anderen sind an allem schuld

Wer sich auf dieser Stufe befindet, wird sich mit seinem Jammern und Wehklagen immer weiter in das eigene Unglück verstricken. Er hat die Verantwortung über sich selbst abgegeben, und damit ist er auf Gedeih und Verderb von den anderen abhängig. Er bleibt Spielball äußerer Einflüsse und ist den Launen von allem und jedem ausgesetzt. Er wird ständig und überall unter Spannung geraten. Solange jemand nicht erkennt, daß er selbst seines Glückes Schmied ist, solange wird er sich durch sein Jammern und Wehklagen, durch seine Schuldzuweisung und dem Abgeben der Verantwortung immer weiter in sein Schicksal verrennen. Es wird ihm immer schlechter gehen, die Klagen werden zunehmen. Schließlich wird er erkennen: Mir kann sowieso

keiner mehr helfen. Und damit hat er vollkommen recht – jedenfalls nicht auf der Ebene, auf der er Hilfe nötig zu haben glaubt.
Ziel der Therapie ist es, durch gezielte Gespräche dem Patienten zu helfen, negative Energie abzuladen, sich zu erleichtern, zu entspannen, bis ihm klar wird, daß er selbst die Zügel wieder in die Hand nehmen muß, bevor eine entscheidende Änderung in seinem Leben geschieht.

2. *Rückzug ist keine Lösung*

Wenn uns in unserem Leben etwas nicht gefällt, wenn uns etwas nicht paßt, wir einen Mißerfolg zu verbuchen haben oder uns einfach über jemanden ärgern, so bleiben uns grundsätzlich nur wenige Lösungsmöglichkeiten, um diese Spannungen zu verarbeiten. Eine dieser Möglichkeiten ist es, nicht zu verzagen, die Dinge erneut anzupacken, nicht aufzugeben.
Eine leider sehr häufig angewandte und verbreitete Konsequenz ist, sich zurückzuziehen nach den Motto: "Wenn ich mit Frau Schulze nicht zurechtkomme, na, dann spreche ich eben gar nicht mehr mit ihr, dann lasse ich sie eben links liegen."
Wenn ich eine solche Handlungsweise sehr häufig anwende, so werde ich mich immer mehr und immer stärker von Dingen und Menschen zurückziehen. Das endet damit, daß ich mich schließlich ganz allein auf dieser Welt fühle. Ich ziehe mich in mein Schneckenhaus zurück und rede am Ende vielleicht nur noch mit meinem Hund, meiner Katze oder dem Kanarienvogel.
Rückzug führt zur Vereinsamung, zur Isolation. Sicherlich ist ein vorübergehender Rückzug zuweilen sinnvoll, um zum Beispiel neue Kräfte zu sammeln; als Dauerlösung ist er jedoch völlig ungeeignet und zudem nicht gerade gesund-

heitsfördernd. Wer einmal erlebt hat, daß durch Kommunikation, durch das Miteinander-Sprechen eigentlich jede Schwierigkeit wieder aufgelöst werden kann, wird vielleicht von dieser (Rückzugs-)Lösungsmöglichkeit nicht mehr so häufig Gebrauch machen.

3. Verantwortung übernehmen

Alles, was ich in mir und an mir erfahre, entstammt letztlich meinem eigenen Ich. Wenn ich dies weiß, so kann ich zumindest die Verantwortung für alles, was in mir und mit mir passiert, übernehmen.
Zwar werden dennoch häufig Dinge geschehen, deren Ursache ich nicht beziehungsweise noch nicht genau kenne; dennoch fühle ich mich dann diesen Dingen nicht mehr so schutzlos ausgeliefert. Ich weiß jetzt, daß ich selbst etwas damit zu tun habe, und ich weiß auch, daß ich irgendwann – notfalls durch sachkundige Hilfe – den Ursachen meiner Falschprogramme auf die Spur kommen werde. Allein diese Vorstellung trägt enorm dazu bei, Angst zu verlieren und Hoffnung zu gewinnen.

4. Positives Denken

Wer erfahren hat, daß Gedanken und Empfindungen stark wirksame Kräfte sind, wird ab jetzt besser auf diese Kräfte aufpassen. Er wird sie nicht mehr wie ungezügelte wilde Tiere herumlaufen lassen. Er wird nicht mehr jeder Wut nachgeben, sich in jede Erregung hineinsteigern oder sich in negative Gedanken verbohren. Wer um die Auswirkungen seiner Gedanken und Empfindungen weiß, der wird anfangen, langsam, aber sicher, wieder Herr im eigenen Hause zu werden.

5. Umgang mit der Spannung

Wir haben erfahren, wie Spannung beim Menschen entsteht. Wir müssen nun lernen, mit der Spannung auf der richtigen Ebene umzugehen.
Die höchste Ebene ist der Ich-Bereich. Hier muß ich fragen: Wieso sind zum gleichen Thema zwei unterschiedliche Programme entstanden? Wie kann ich eines oder sogar mehrere Programme zu diesem Thema löschen?
Gelingt mir dies nicht, so kann ich mit der Spannung auf den unterschiedlichen Ebenen umzugehen lernen. Ich kann darüber sprechen (verbalisieren), ich kann die Spannung ausdramatisieren, insbesondere durch Bewegung und Sport. Gelingt mir dies ebenfalls nicht, so wird sich die Spannung auf der körperlichen Ebene niederschlagen. Das bedeutet dann das Auftreten von krankhaften Symptomen bis hin zu organischen Erkrankungen. Der richtige Umgang mit der Spannung hat eine herausragende Bedeutung für die Erhaltung der eigenen Gesundheit.

6. Die Anwendung der geistigen Gesetze

Im vorhergehenden Abschnitt habe ich die geistigen Gesetze genauer erläutert. Diese Gesetze haben nicht nur rein philosophischen Charakter. Meines Erachtens beruhen sie auf den Gesetzen der elektromagnetischen Energie und der Informationsübertragung, den Gesetzen von Schwingung und Resonanz. Eine genaue Beachtung dieser Gesetze führt dazu, daß man schließlich selbst erst gar nicht mehr unter Spannung gerät. Rein theoretisch kann man dann auch nicht mehr krank werden.
Das ist ein hohes Ziel. Dieses Ziel werden wir nur erreichen können, wenn wir wissen: Der Mensch ist mehr als sein Körper!

IV. Trainingsanleitungen

Hilfe und Selbsthilfe

Wer dieses Buch gelesen hat, wer also erfahren hat, was hinter psychosomatischen Problemen und Beschwerden steckt, der möchte natürlich sein neu erworbenes Wissen anwenden: Warum habe ich Rückenschmerzen, Kopfschmerzen, Bauchschmerzen? Warum verspüre ich diese innere Unruhe, diese Anspannung? Warum bin ich traurig und bedrückt? Diese und ähnliche Fragen dürften beim Leser aufgetaucht sein. Und vor allen Dingen aber: Was kann ich selbst dagegen tun?
Meine Erfahrung hat gezeigt, daß viele Menschen die Behandlung unbedingt selbst, also alleine machen wollen. Sie stehen unter dem Zwang von Programmen wie: "Ich muß es alleine schaffen" – "Das kann ich selbst am besten." – "Mir kann doch kein anderer helfen." – "Letzten Endes stehe ich allein vor diesem Problem." Nun gut, diese Gruppe kann bereits an dieser Stelle viel über sich und ihre Programme erfahren.
Auch wenn der größte Teil der psychosomatischen Probleme und Beschwerden nur durch ein Gespräch gelöst werden kann, so kann dennoch der einzelne sich in vielen Dingen und Situationen selbst helfen: Achten wir auf unsere (Miß-)Empfindungen, schieben wir sie nicht beiseite – sie

sind ein Signal für aufkommende Spannung. Greifen wir nicht gleich zum Schmerz- oder Beruhigungsmittel. Lassen wir uns ein auf das Abenteuer der Selbsterkenntnis, fliehen wir nicht vor uns selbst, vor unseren eigenen Reaktionen. Beachten wir, was wir empfinden, denken, tun und sprechen. Das alles ist Ausdruck unserer selbst und will uns etwas sagen.

Um mir selbst zu helfen, brauche ich Ruhe und Zeit. Wenn ich mich in die Stille zurückziehe, dann kann ich meine (Miß-)Empfindungen hochkommen lassen. Dann kann ich mir selbst die Frage stellen:

Seit wann besteht diese Mißempfindung? Mit welcher Person hat dies etwas zu tun? Wenn wir die zurückliegenden Tage und Stunden, die abgelaufenen Ereignisse erneut vor unserem geistigen Auge vorüberziehen lassen, so erkennen wir vielleicht die Zusammenhänge und die Ursachen für unsere Mißempfindungen. Das bringt oft eine enorme Erleichterung.

Eine weitere Möglichkeit, ohne fremde Hilfe Spannungen abzubauen, ist die Bewegung (siehe auch: "Umleitung der Energie", Seite 160).

Das Lösen von Problemen (siehe Seite 162) ist ebenfalls eine erfolgreiche Methode der Selbsthilfe.

Mißlingt die Selbsthilfe, dann brauche ich Hilfe, dann brauche ich das Gespräch. In dieser Situation bitte nicht grübeln! Durch Grübeln kommen wir den Dingen nicht auf die Spur. Warum? Die Ursachen für unsere Probleme und Beschwerden werden durch Energie in uns festgehalten, meist in Form von Emotionen. Je körperlicher eine Mißempfindung – beispielsweise starker Schmerz – ist, um so mehr Energie ist damit verbunden.

Bevor diese Energie nicht entladen ist, können wir nicht auf die dahinter liegenden (Falsch-)Programme schauen. Darum ist es besser, besonders bei körperlichen Beschwerden, einen Gesprächspartner zu Hilfe zu ziehen, da der Umgang

mit den aufkommenden Emotionen (Trauer, Schmerz) alleine oft nicht zu ertragen ist.
Wenn ich bisher nur von Gesprächen zwischen Arzt und Patient gesprochen habe und dies auch auf den folgenden Seiten tue, so ergibt sich das natürlich aus meinem Beruf. Derartige Gespräche können ebenso zwischen Freunden oder Partnern stattfinden. Die Technik der Gesprächsführung kann von jedem gelernt und geübt werden.
Bei anhaltenden oder ständig wiederkehrenden körperlichen Beschwerden sollte nicht gezögert werden, einen Arzt aufzusuchen. Erst wenn eine organische Erkrankung ausgeschlossen ist, ist der Weg frei für eine dann meist erfolgreiche Gesprächsbehandlung.

Zuhören

Die in diesem Buch beschriebene Behandlung erfolgt über die Sprache, über das Aussprechen, das Ausdrücken der uns belastenden Dinge. Zu einer Entlastung führt das Aussprechen erst dann, wenn wir das Gefühl bekommen, daß uns jemand wirklich zuhört.
Leider sind nicht viele Leute in der Lage, aufmerksam und konzentriert zuzuhören, ohne ihre eigenen Gedanken und Meinungen mit ins Gespräch zu bringen. Zuhören will gelernt sein. Wir müssen es üben.
Üben wir also, dem anderen zuzuhören, ohne ihn zu unterbrechen, ohne unsere eigene Meinung zu äußern, ohne unsere Bewertungen abzugeben, ohne kluge Ratschläge zu geben. Hören wir einfach zu, was der andere zu sagen hat. Fühlen wir uns in die hinter den Worten liegenden Gedanken und Empfindungen ein. Je mehr wir zuhören, um so mehr wird es uns gelingen, genau auf die Worte zu achten, auf immer wiederkehrende Redewendungen und Ausdrücke, auf sich wiederholende Begebenheiten.

Fragen stellen

Viele Menschen bedürfen eines mehr oder weniger starken Anstoßes, um überhaupt über sich und ihre Probleme sprechen zu können. Wir müssen lernen, die richtigen Fragen zu stellen. Diese Fragen sollten zunächst mehr allgemein gehalten sein. Ein schlichtes "Was ist los?" ist da ein gutes Beispiel. Weitere Beispiele sind: "Was bedrückt dich?" – "Wie ist denn das passiert?" – "Wo tut es weh?"
Die Psychologen liefern uns das Arsenal der sogenannten W-Fragen: Wer, was, wo, wann, wie, warum. Mit Hilfe dieser Fragen erfahren wir mehr über ein bestimmtes Thema, Ereignis oder Problem. Doch nicht nur wir erfahren vieles, auch der Patient wird angeregt, nach weiteren Informationen zu suchen. Schließlich wird er mehr und mehr über die Zusammenhänge und Gegebenheiten erfahren, die zu seinem Problem geführt haben. Dann wird er die Ursachen erkennen, und genau das ist unser Ziel.

Das Problem einkreisen

Wenn ich mit einem Patienten spreche, ihn einfach reden lasse, so wird er nicht selten von Thema zu Thema, von Problem zu Problem springen. Das führt allerdings zu keiner Erleichterung. Vielleicht ist dem Patienten sein aktuellstes Problem gar nicht bewußt und daher zunächst auch für mich nur schwer zu erkennen. In diesem Fall muß ich dem Patienten helfen, beim Thema zu bleiben, das eigentliche Problem einzukreisen. Dabei wiederum helfen mir Fragen. Nehmen wir als Thema Angst. Der Patient klagt eher verschwommen über Ängste. Mit der Frage "Wovor haben Sie am meisten Angst?" helfe ich ihm, sich einen bestimmten Aspekt herauszusuchen. Es wird dann etwas kommen, wovor er im Augenblick am meisten Angst hat. Vielleicht die

Angst, krank zu werden. Dann frage ich, warum die Krankheit so schlimm für ihn ist, seit wann diese Angst besteht, ob es eine ihm bekannte Person gibt, die in der letzten Zeit krank geworden ist. Schließlich stellt sich heraus, daß ein Arbeitskollege mit einem akuten Herzinfarkt vom Arbeitsplatz in die Klinik eingeliefert werden mußte. Der eigentliche Grund für die Angst ist also, daß ihm ähnliches geschehen könnte. Ist dieser Aspekt einmal erkannt und ausgesprochen, so wird zumindest diese Angst verschwinden.
Wichtig ist also, den Patienten nicht ungezügelt reden zu lassen, sondern ihn durch gezielte Fragen und Hinweise zunächst zum aktuellen Problem hinzuführen.

Entladung von Emotionen

Emotionen wie Trauer, Ärger, Wut und Schmerz stellen eine Energie dar, die belastende Gedanken und Probleme in uns festhalten. Wenn ich traurig bin und nicht weine, so wird die Trauer in mir bleiben, soviel ich auch über meine Trauer sprechen mag. Erst mit dem Weinen erfolgt die Entladung der Energie, und ich erkenne die dahinterliegenden Gedanken und die eigentliche Ursache für die Trauer.
Um dem Patienten zu helfen, Emotionen zu entladen, halte ich Ausschau nach besonders aufgeladenen Worten. Nach dem Verlust eines Partners kann dies ein Satz sein wie: "Mein Mann fehlt mir" oder besser: "Peter, du fehlst mir". Wenn ich den Patienten diesen Satz mehrfach aussprechen lasse, wird nach dem Prinzip der Resonanz eine Kopplung mit den dazugehörigen Emotionen und Energien erfolgen, und es kommt zu einer Entladung der angestauten Energie.
Nehmen wir als weiteres Beispiel den Ärger über den Chef. Ich lasse den Patienten aussprechen: "Er ärgert mich." Wird dieser Satz mehrfach ausgesprochen, so kommt schließlich der ganze Ärger hoch und entlädt sich in einem wütenden

Wortschwall. "Was ärgert Sie am meisten?" – "Warum ist das so schlimm für Sie?" – so kommen wir dann der eigentlichen Ursache für den Ärger schließlich auf die Spur.

Keine Deutungen und Wertungen

Bei unserer Behandlung müssen wir lernen und immer wieder darauf achten, daß wir keine eigenen Meinungen, keine Deutungen und keine Wertungen abgeben. Dies würde den Patienten nur verwirren und von seinen eigenen Gedanken, Meinungen und Vorstellungen ablenken. Lassen wir den Patienten immer wieder darauf schauen, was er selbst sagt, denkt und fühlt. Helfen wir ihm durch gezielte Fragen, tiefer in seine eigene Gedankenwelt einzudringen, um schließlich die hinter seinen Problemen und Beschwerden liegenden Ursachen zu erkennen.

Umleitung der Energie

Alles ist Energie – das konnten wir den vorausgegangenen Kapiteln entnehmen –, Energie, die sich in unterschiedlicher Weise manifestiert: als Gedanken und Vorstellungen, als Empfindungen, als Handlungen, schließlich als körperliche Beschwerden. Im Kapitel "Verbalisieren – Dramatisieren – Somatisieren" haben wir bereits über diese Zusammenhänge gelesen.
Für unsere Behandlung gilt es, die als körperliche Beschwerde sich manifestierende Energie umzuleiten und sie in Form von Handlung oder Sprache auszudrücken. Bewegung ist dabei ein bewährtes Mittel. Stehen wir unter Spannung, so können wir auf dieses Hilfsmittel zurückgreifen. Oft hilft ein Spaziergang, um wieder entspannt zu sein, Joggen oder das Tennisspielen, um den Streß des Tages wieder abzubauen.

Auch passive Bewegung, also Massage oder Krankengymnastik, hilft uns zu entspannen. Wenn es uns zusätzlich gelingen sollte, bei der Bewegung auf die aufkommenden Gedanken und Empfindungen zu achten, so kommen wir meist der Ursache unserer Anspannung auf die Spur. Das kann uns helfen, zukünftig ähnliches zu vermeiden.
Eine weitere Form der Umleitung der Energie ist das Sprechen, das Aus-Drücken. "Dampf ablassen" nennt es der Volksmund oder "sich etwas von der Seele reden". Viele Menschen müssen auch dies erst wieder lernen, sie müssen lernen, Ärger, Kummer und Sorgen nicht mehr herunterzuschlucken. Wenn sie erfahren, wie schädlich das für ihre Gesundheit ist, werden sie vielleicht anfangen, diesen Mechanismus abzubauen. Wenn sie erfahren, daß es keineswegs eine Tugend ist, Dinge emotionslos hinzunehmen, Wut in sich hineinzufressen oder das Weinen zu unterdrükken, sondern daß dies sich schädlich und krankmachend auswirkt, so werden viele vielleicht umzudenken beginnen.

Vorstellungen

Wir wissen jetzt, daß Vorstellungen Energiegebilde sind, die auf uns selbst zurückschlagen können, und das mit erheblicher Wucht. Negative Vorstellungen sind fast immer mit Personen verbunden, die wir nicht mögen oder mit denen wir unschöne Gedanken verknüpfen. Da wir nun wissen, daß negative Vorstellungen negative Auswirkungen auf uns haben können, so sollten wir beginnen, diese aufzulösen. Holen wir uns die entsprechenden Personen vor unser geistiges Auge. Setzen wir uns mit ihnen rein geistig so lange auseinander, bis wir das Vorstellungsbild dieser Person ruhig anschauen können. Dann verschwinden auch mögliche Auswirkungen solcher Vorstellungsbilder, wie Druck im Hals, Magenschmerzen oder allgemeine Anspannung.

Positives Denken

Auch positives Denken will gelernt sein. Achten wir darauf, daß wir keine negativen Formulierungen benutzen wie "Ich will nicht mehr rauchen". Was dann passiert, habe ich bereits geschildert. Benutzen wir positive Formulierungen: "Es geht mir von Tag zu Tag besser" oder "Ich werde die Dinge rechtzeitig erledigen" oder "Ich werde die Prüfung bestehen" und nicht "Ich habe keine Angst vor der Prüfung".

Zeit

Der falsche Umgang mit der Zeit ist eine der größten Spannungsquellen. "Zeit ist Geld" – dieses Sprichwort kennen wir alle, und es setzt uns ganz schön unter Druck. Wenn wir genau hinschauen, so finden wir in unseren Programmen leider sehr viele Zeitbegriffe: "Bei mir geht alles sehr langsam." – "Ich brauche zu allem viel Zeit." – "Ich komme immer zu spät." – "Ich schaffe es nicht rechtzeitig." – "Im Alter läuft die Zeit immer schneller." (Wieso eigentlich?) – "Ich habe einfach nicht genug Zeit für mich."
Wir müssen lernen, daß der (falsche) Umgang mit der Zeit im Bereich des Denkens beginnt. Deshalb gilt es, auf unsere Vorstellungen und Gedanken zu achten, wenn wir einmal wieder in Zeitnot, in Zeitdruck geraten sind.
Eine kleine Übung hilft uns, mit der Zeit besser umzugehen: Wir nehmen uns einfach Zeit. Setzen wir uns dreimal täglich in eine ruhige Ecke und machen eine Minute lang gar nichts. Sie werden staunen, wie lang eine Minute ist, wieviel innere Ruhe sie uns gibt.
Wenn Sie dies regelmäßig machen, werden Sie allmählich ein völlig neues Gefühl für die Zeit bekommen. Denken Sie immer daran: Zeit gibt es genug, den Zeitdruck schaffen Sie sich selbst.

Hier haben wir eine besonders wirkungsvolle Methode zur Selbsthilfe. Wenn ich ein Problem habe, so bedeutet das, daß zum gleichen Thema, zur selben Situation, zwei oder mehrere unterschiedliche Programme aktiv sind, daß ich zwischen zwei oder mehreren Möglichkeiten hin und her gerissen werde: "Soll ich meinen Freund verlassen oder nicht?" – "Soll ich den Ärger im Betrieb weiter ertragen oder meinem Chef endlich die Meinung sagen?"
Zunächst einmal ist es wichtig, daß ich nicht problemorientiert denke, sondern lösungsorientiert. Dazu arbeite ich mit übergeordneten Vorstellungen. Mein erster Gedanke wird zum Beispiel sein: "Ich werde eine Lösung finden."
Nun muß auch noch eine zeitliche Eingrenzung her, denn was nützt es mir, wenn ich erst in zwanzig Jahren diese Lösung finden werde. Also lautet die übergeordnete Vorstellung: "Ich werde innerhalb von einem Monat oder einer Woche eine Lösung finden." Nun möchte ich natürlich auch eine gute Lösung finden, und zwar eine Lösung, die mich nicht noch tiefer in Turbulenzen hineinführt. Ich möchte also eine Lösung finden, die für alle Seiten annehmbar ist. Also lautet die Vorstellung: "Für das Problem X möchte ich innerhalb von einem Monat eine Lösung finden, die für alle Beteiligten gut und akzeptabel ist."
Wie bei einem eingegebenen Computerprogramm wird jetzt – für uns unbewußt ablaufend – unser Gehirn alle Möglichkeiten durchprüfen, um eine Lösung nach den oben erwähnten Kriterien zu finden.
Es ist wirklich verblüffend, wie das funktioniert. Versuchen Sie es einmal! Auf diese Weise werden Sie zu fast jedem Problem auf rasche und bequeme Weise eine Lösung finden. Wir werden erinnert an das Neue Testament: "Suchet, und Ihr werdet finden, klopfet an, und Euch wird aufgetan."

Um diese sehr effektive Möglichkeit der Selbsthilfe noch deutlicher werden zu lassen, möchte ich wieder ein Beispiel aus der Praxis erzählen:
Eine junge Dame hat seit Monaten ständig wiederkehrende Erkältungen. Wir stoßen sehr rasch auf das eigentliche Problem. Sie ist sich unsicher, ob sie sich von ihrem Freund trennen soll oder nicht. Vieles spricht dafür, vieles dagegen. Sie möchte sich mit ihren 21 Jahren noch nicht so fest binden, aber sie hat auch Angst, plötzlich allein zu sein. Sie möchte sich trennen, aber sie möchte ihrem Freund auch nicht weh tun. Sie mag viele seiner Eigenschaften, andere findet sie nicht so gut.
Was tun? Die Entscheidung kann ich ihr natürlich nicht abnehmen, jedoch auf meinen Ratschlag "beauftragt" sie ihr Unterbewußtsein mit folgendem Programm: Ich möchte zu diesem Problem innerhalb von zwei Monaten eine Lösung, die für alle Seiten gut und annehmbar ist.
Die Folge: Innerhalb von zwei Monaten trennen sich die jungen Leute ohne Streit und Turbulenzen. Und außerdem verschwinden die ständigen Erkältungen unserer jungen Dame, die nur Zeichen innerer Spannung gewesen sind.

Das Durchlaufen eines Ereignisses

Haben wir ein Ereignis in Verbindung mit körperlichen oder seelischen Schmerzen erlebt, und haben wir dieses Ereignis nicht richtig verarbeitet, so ist die entsprechende Energie der körperlichen oder seelischen Schmerzen weiterhin in uns gespeichert. Die einfache Abhilfe hierfür ist, das entsprechende Ereignis so lange immer wieder durchzusprechen, bis das Ereignis keine Energie mehr enthält. Die Energie entlädt sich dann beim Wiedererzählen entweder in Form von körperlichen Schmerzen oder von seelischen Schmerzen wie zum Beispiel durch Weinen.

Auf diese Art und Weise könnten Verletzungen bei Sportlern schneller geheilt und seelische Schmerzen wesentlich schneller verkraftet werden. Es gilt also: Die entsprechenden Ereignisse der Reihe nach immer wieder zu erzählen, bis keine Energie, keine Ladung, keine Mißempfindung mehr damit verbunden ist. Das ist sehr, sehr einfach.

Körperliche Beschwerden

Körperliche Beschwerden projizieren sich auf einen ganz bestimmten Bereich des Menschen. Nehmen wir zum Beispiel Magenschmerzen. Der Patient konzentriert sich am besten mit geschlossenen Augen auf seinen Magenbereich. Er schildert uns die Beschwerden und Mißempfindungen. Durch mehrfache Wiederholung des Satzes "Mein Magen tut so weh" wird seine Aufmerksamkeit immer tiefer auf diesen Bereich gelenkt. Wir stellen nun unsere bereits erwähnten Fragen: "Welche Farbe sehen Sie?" – "Mit welchen Empfindungen ist das Ganze verbunden?" – "Mit welchen Gedanken und Vorstellungen ist es verbunden?" – "Mit welcher Person ist es verbunden?"
Nun kommen die entsprechenden Gedanken, Vorstellungen, Ereignisse und Mißempfindungen hoch. Wir lassen den Patienten immer wieder und immer mehr darüber erzählen. Liegt keine organische Erkrankung vor, so werden die Magenschmerzen abnehmen. Durch gezielte Fragen – die sogenannten W-Fragen – helfen wir dem Patienten, immer tiefer in die Problematik einzudringen und schließlich die dahinterliegenden Ursachen zu erkennen. Mit ein bißchen Übung und Geschick wird uns das relativ rasch gelingen. Sind wir der eigentlichen Ursache für die Spannung auf die Spur gekommen, hat der Patient herausgefunden und ausgesprochen, was er "hinuntergeschluckt" hat, so ist er beschwerdefrei.

V. Anhang

Der Weg der Impulse

In diesem Buch nimmt das Thema Energie eine zentrale Stellung zur Erklärung vieler Phänomene ein. Energie ist ein aus dem Griechischen stammendes Wort und bedeutet "die wirkende Kraft". Wir beschäftigen uns hier mit der elektromagnetischen Energie. Je nach Frequenz und Wellenlänge kann diese Energie in verschiedener Form auftreten: als Gedanke, als Empfindung bis hin zur Materie. Materie ist — laut Albert Einstein — nichts anderes als eine besonders hohe Verdichtung eines Energiefeldes.
Alle beim Menschen auftretenden normalen oder krankhaften Phänomene sind somit verschiedene Ausdrucksformen von Energie. Beim Umgang mit den verschiedenen Energieformen spielt das Ich eine herausragende Rolle. Ich gehe davon aus, daß das Ich des Menschen die höchste hierarchische Stellung einnimmt.
Das Ich ist nicht materieller Natur und somit physikalisch nicht faßbar. Es hat keine Quantitäten, sondern Qualitäten. Eine dieser Qualitäten ist das Denken. Es gibt durchaus handfeste Hinweise dafür, daß Gedanken mit Energie, auch im rein physikalischen Sinne, verbunden sind: Ich schließe zum Beispiel eine Versuchsperson über die Extremitäten an einen Stromkreis an, bei dem ganz geringe Strommengen

durch den Körper geschickt werden. In den Stromkreis installiere ich eine Vorrichtung zur Widerstandsmessung, eine sogenannte Widerstandsbrücke. Nun lasse ich die Versuchsperson an etwas für ihn Neutrales denken, beispielsweise einen Tisch oder einen Stuhl. An unserem Meßgerät finden wir keinen Zeigerausschlag. Starke Ausschläge des Meßinstruments finden wir dagegen, wenn wir die Person an einen stark "geladenen" Bereich denken lassen, zum Beispiel an seine Trauer über den Tod eines nahen Angehörigen oder den Ärger mit dem Chef. Dieses Phänomen ist jederzeit und bei jeder Person reproduzierbar. Da die Zeigerausschläge unmittelbar gleichzeitig mit dem Gedanken auftreten, also sehr schnell, sind sie nicht durch Änderung des Hautwiderstandes erklärbar wie beim Lügendetektor. Mit dem Auftreten der Gedanken muß also in unserem Stromkreis zugleich eine Widerstandsänderung erfolgt sein. Ich bin fest davon überzeugt, daß diese Widerstandsänderung durch unterschiedlich aufgeladene Gedanken oder durch Auftreten von Emotionen erfolgt.

Bilden wir Gedanken und Vorstellungen, haben wir eine Empfindung, so muß dies ein Substrat haben, einen Trägerstoff. Dieser Trägerstoff könnte vom Ich im entsprechenden Augenblick neu erschaffen werden, möglich ist aber auch, daß das Ich einen Zugriff auf das entsprechende Substrat hat. Ich behaupte, daß es sich um elektromagnetische Wellen von unterschiedlicher Wellenlänge und Frequenz und damit von unterschiedlichem Energiegehalt handelt. Da es sich bei einem Gedanken, einer Vorstellung oder Empfindung sicherlich nicht nur um eine elektromagnetische Welle handelt, sondern um ein komplex aufgebautes Gebilde unterschiedlicher Frequenzen und Wellenlängen, nenne ich dies vereinfachend einen Energiekomplex. Wir wissen, daß im menschlichen Körper pro Sekunde mehr als 10^{17} chemische und elektrische Vorgänge ablaufen. Diese müssen auf das Feinste koordiniert und gesteuert werden. Viele

Physiker meinen, daß nur Photonen mit relativ hohen Frequenzen in der Lage sind, derartige Informationsmengen zu verarbeiten. Sie gehen von der Existenz eines regulierenden "Biofeldes" aus elektromagnetischer Strahlung aus. Ich zitiere Fritz A. Popp aus dem Buch "Biologie des Lichts": "Nicht nur in der Amplitude, sondern auch in den Frequenzen überstreichen elektromagnetische Wellen (Photonen) im lebenden System einen ungewöhnlich breiten Bereich, von wenigen Hertz bis mindestens 10^{15} Hertz (und darüber). In dieser Region über mindestens 15 Dekaden findet man allgemein artspezifische und vermutlich auch individuelle 'biologische' Resonanzlinien: Das sind empfindliche Reaktionen der Organismen auf die Behandlung mit den elektromagnetischen Wellen ganz bestimmter Frequenzen. Es scheint so, als ob längere Wellen über größere Distanzen, zum Beispiel Organe, und kürzere Wellen besonders über entsprechend angepaßte geringere Entfernungen (zum Beispiel Zellen) wirksam sind. So kann man mit Frequenzen zwischen 1 und 100 Hertz bei höheren Wirbeltieren unter Umständen starke psychische Effekte erzielen. In Zellverbänden andererseits findet sich im optischen Resonanzbereich eine Vielfalt von Steuerungsfunktionen, zum Beispiel die Verstärkung enzymatischer Vorgänge, die Zellreparatur, das Wachstum."
Magnetische Felder beeinflussen Lebewesen, können zu deutlichen Änderungen biochemischer Reaktivität, des Sauerstoffverbrauchs und der Membranpermeabilität (Membrandurchlässigkeit), der Orientierung von Makromolekülen, Veränderung des Zellwachstums bis zu psychischen Effekten führen.
Physiker wiesen auf den Zellkern als biologischen Oszillator – gleichsam als Zentrale zur Erzeugung elektrischer Schwingungen – und auf elektromagnetische Resonanzkopplungen zur biologischen Informationsübertragung hin. Manche sprechen davon, daß Photonen die Sprache der Zellen

seien. Ich behaupte, daß die mittels Gedanken, Vorstellungen und Empfindungen gebildeten Energiekomplexe aus elektromagnetischen Wellen mit einer Frequenz von 10^{12} bis 10^{16} Hertz bestehen. Dies würde auch erklären, warum wir mit unserem geistigen Auge in Bezug auf den Körper Farben sehen.

Das oben erwähnte, aus Photonen bestehende "Biofeld" bildet in Analogie zum Computer die Software des Menschen. Diese Software dürfte von enormer Größe und Komplexität sein und mit genauer horizontaler und hierarchischer Gliederung. Für den Menschen müßte es ein fast unzerstörbares Grundprogramm geben, das erst durch Energie mit einer Frequenz von mehr als 10^{17} Hertz (Röntgenstrahlen, Gammastrahlen) verändert werden kann.

Änderungen im Softwarebereich dürften über die Photonen direkte Auswirkungen auf Atome und Moleküle oder auf die DNS (Desoxyribonukleinsäure), der Trägerin unseres gesamten Erbmaterials, haben.

Gedanken, Vorstellungen und Empfindungen werden im Softwarebereich abgespeichert. Mittels Resonanz haben wir durch Gedanken, Vorstellungen und Empfindungen, aber auch durch Worte und Sätze Zugriff auf den Softwarebereich und die entsprechenden Energiekomplexe. Beispiele hierfür finden wir beim Autogenen Training, wo wir durch verstärkte Gedankenbildung körperliche Prozesse (Wärme, Schwere und so weiter) auslösen können. Bringen wir einen mit Emotionen belasteten Energiekomplex in Resonanz, so erfolgt eine dementsprechende Reaktion wie Weinen, Wut, Ärger und Schmerz.

Bei diesen Vorgängen geben die über die Gedanken oder die Sprache angeregten Energiekomplexe Energie ab, senden also Impulse aus. Die in diesem Zusammenhang ausgesandten Photonen können im Bereich der Atome und Moleküle Elektronen anregen und damit einen chemischen Prozeß induzieren. In Analogie zum Computer haben wir hier den Übergang von der Software zur Hardware. Wir haben hier auch ein Beispiel für eine Transformation, bei der der Inhalt des Denkens von einem Substrat auf das andere transformiert wird. Wir hätten dann auch eine physikalische Erklärung für die von John Eccles postulierte Wechselwirkung zwischen Gehirn und Bewußtsein beziehungsweise Denken.

Sind die Impulse einschließlich der damit verknüpften Information im Gehirn, in der Nervenzelle angekommen, so breitet sich von hier aus die Information nach den bekannten biochemischen und bioelektrischen Gesetzmäßigkeiten aus und erreicht schließlich die Körperzelle.

Ein anderer Weg der Impulse ist denkbar, und zwar eine direkte Einwirkung des Denkens auf die DNS, somit auf das genetische Programm des Menschen. Wir gehen wieder davon aus, daß Gedanken und Vorstellungen aus elektromagnetischer Energie in ganz komplexer Form mit unterschiedlicher Frequenz und Energie bestehen. Der Einfluß dieser Energie auf die DNS ist bekannt: Elektromagnetische Energie mit einer Frequenz um etwa 10^{16} ist durchaus in der Lage, die DNS und das Erbmaterial zu verändern.

Stimmt meine Vorstellung, daß Gedanken und Vorstellungen Energiekomplexe sind, die aus elektromagnetischer Energie unterschiedlicher Frequenz bestehen, ist es möglich, daß ich über die Sprache diese Energiekomplexe anregen kann, trifft es zu, daß elektromagnetische Energie die DNS verändern kann – dann halte ich es für sicher, daß über Gedanken, Vorstellung und Sprache Veränderungen des genetischen Materials möglich sind!

Dann werden auch Krankheiten mit genetischen Veränderungen gezielt über eine Gesprächstherapie behandelt werden können. Dazu müßten wir allerdings den gesamten Aufbau des Softwarebereiches mit seinen einzelnen Auswirkungen auf den Hardwarebereich erforschen und kennenlernen.

Anmerkungen

Zum Teil werden hier auch durchaus allgemein gebräuchliche Begriffe aufgeführt und kurz erläutert, da es wichtig ist, sich ihres genauen Inhalts noch einmal deutlich bewußt zu werden.

I. Persönliche Erfahrung und Theorie

1 Chemotherapie nennt man allgemein die Behandlung mit chemischen Mitteln, speziell wird der Ausdruck auch für die Therapie mit krebshemmenden Medikamenten, die leider zahlreiche Nebenwirkungen haben, benutzt.

2 Computertomographie ist eine Form der Röntgenuntersuchung.

3 Der Begriff "mental" stammt aus dem Lateinischen ("mens" – Geist, Vernunft) und bedeutet "geistig, über die Vernunft".

4 In diesem Zusammenhang sollte man sich die Bedeutung des Wortes "spontan" noch einmal deutlich machen: "von selbst; ohne äußeren Anlaß, Einfluß", also aus einer inneren Eingebung heraus.

5 Der Begriff "psychosomatisch"läßt sich leicht aus der Übersetzung seiner altgriechischen Stammwörter erklären: "psycho" – Seele; "soma" – Körper.

6 Das Wort "Streß" ist heute in aller Munde. Aufschlußreicher sind manchmal Begriffe wie Anspannung, Druck, erhöhte Anspannung, Belastung.

7 Substrat nennt man das einer Sache Zugrundeliegende, die (materielle) Grundlage, den Stoff als Träger von Eigenschaften.

8 Unter den Begriff "Hardware" fallen alle technisch-physikalischen, also alle festen Teile eines Computers.

9 "Software" nennt man alle Funktionsbestandteile eines Computers, wie zum Beispiel Programme, Einsatzanweisungen sowie elektromagnetische Verknüpfungen.

10 Organisch (griech.) bedeutet "ein Organ, einen Körperteil betreffend". Viele organische Leiden haben ursprünglich seelische Ursachen.

11 Hypnose (griech. "hypnos" – der Schlaf) ist eine Behandlungsform, bei der ein schlafähnlicher Bewußtseinszustand herbeigeführt wird, in dem die Willens- und teilweise auch die Körperfunktionen leicht zu beeinflussen sind.

12 autogen (griech., urspgl. "selbsttätig") – aus eigenen Kräften, von innen heraus. Beim Autogenen Training erfolgt eine Entspannung durch Selbsthypnose.

13 Gene sind Erbfaktoren, Erbeinheiten, Träger der Erbanlagen. Sie sind in den Chromosomen hintereinander aufgereiht. Das gesamte genetische Material wird mittels der Desoxyribonukleinsäure mit der Form eines Doppelstranges, der sogenannten DNS-Doppelhelix, getragen. Jeweils ein Teilstück der DNS beinhaltet den Bauplan für die Baustoffe, aus denen der Mensch besteht (Eiweiß, Fette, Kohlehydrate usw.).

14 Chromosomen (griech. – färbbarer Körper) sind fadenförmige, färbbare Strukturen im Zellkern und die (nach Färbung sichtbaren) Träger der Erbmasse, der gesamten Erbanlagen. Sie bestehen hauptsächlich aus DNS. Alle Zellen enthalten den gleichen Chromosomensatz von 22 Paaren und einem Paar Geschlechts-Chromosomen.

15 Die Desoxyribonukleinsäure (DNS) besteht aus Phosphorsäure, dem Zucker Desoxyribose und den Eiweißstoffen Adenin, Thymin, Guanin und Cytosin.

16 Photonen sind kleine Energiemengen einer elektromagnetischen Strahlung.

17 projizieren (lat.) – räumlich, bildlich hervortreten lassen oder hineinverlegen, übertragen

18 Konzentration (lat.) — Zusammenziehen, Vereinigung, Sammlung auf einen Punkt oder eine Stelle

19 Impuls (lat.) – Anstoß, Anregung, Antrieb, Strom- oder Spannungsstoß von relativ kurzer Dauer

20 Als Neurose (griech. neuron – Nerv) bezeichnet man eine psychische Störung, die sich auch in körperlichen Funktionsstörungen äußern kann, wie beispielsweise die sogenannte Rentenneurose oder auch die Begehrensneurose: Verschlimmerung von seelischen oder körperlichen Symptomen mit der Absicht, ein Begehren zu erreichen.

21 Komplexität (lat.) – Vielschichtigkeit, Ineinandergreifen vieler Merkmale

II. Vertiefung des Wissens

1 Transformation (lat.) – Umwandlung, Umformung, Umgestaltung

2 Photosynthese nennt man die Herstellung von Sauerstoff mittels Sonnenlicht und Chlorophyll (das ist der grüne Farbstoff in allen Grünpflanzen)

3 Visualisierung (lat.) – bildhafte Vorstellung

4 verbalisieren (lat.) – mit Worten ausdrücken, aussprechen von

5 assoziativ (lat.) – durch Verknüpfung von Gedanken und Vorstellungen entstehend

6 Somatisieren meint in diesem Zusammenhang das Aufkommen körperlicher Leiden durch angestaute psychische Spannungen.

7 Schizophrenie (griech. "schizein" – spalten und "phren" – Geist, Seele) bedeutet soviel wie "Spaltungsirrsein", also Bewußtseinsspaltung.

8 intuitiv (lat. in tuitio) – unmittelbare Erkenntnis, nicht durch Vernunft gesteuerte Eingebung

9 Als Tabu bezeichnen wir ein Verbot, bestimmte Dinge zu sagen, zu tun und sich in irgendeiner Form damit zu befassen.

10 Profession (lat. professio) – Beruf, professionalisieren – zum Beruf machen

11 Duplizität bedeutet neben "Zweideutigkeit" das doppelte Vorkommen von etwas.

12 spekulativ (lat.) – auf Mutmaßung beruhend

13 Dimension (lat.) – Ausmessung, Ausdehnung, (größerer) Bereich, Ebene

14 Schablone – Muster, Schema; jeder kennt sicher den geläufigen Begriff vom "Schablonendenken".

15 Phantombild nennen wir eine Einbildung, die keine direkte Beziehung in der äußeren Wirklichkeit hat.

16 Als Placebo bezeichnet man ein Schein-Medikament, das einem echten Medikament in Aussehen und Geschmack gleicht, jedoch keinerlei medikamentöse Wirkung hat.

17 Non-verbale Kommunikation ist dieVerständigung ohne Worte.

18 Aura (griech. – Hauch) – med. Wort für alle Variationen der Wahrnehmung unmittelbar vor einem epileptischen Anfall

19 Autosuggestion (von lat. "auto" – selbst, "suggestio" – Eingebung) – Begriff für die Steuerung des eigenen Verhaltens durch Selbstbeeinflussung

20 esoterisch (griech.) – nur für Eingeweihte einsichtig, nur geistig zugänglich

Literaturhinweise

Dieter Beck: "Krankheit als Selbstheilung", Frankfurt 1981

Brunhild Börner-Kray: "Der geistige Weg", München 1985

Johannes v. Buttlar: "Unsichtbare Kräfte", München 1984

Ken Dychtwald: "Körperbewußtsein", Essen 1981

John Eccles: "Die Evolution des Gehirns – die Erschaffung des Selbst", München 1989

Manfred Fritsch: "Ein Leben unter Spannung", o. O.1990

Paul Lüth: "Von der stummen zur sprechenden Medizin", Frankfurt 1986

Norman Vincent Peale, "Die Kraft positiven Denkens", Zürich 1986

Fritz A. Popp: "Biologie des Lichts", Berlin 1984

Ders. : "Biophotonen", Heidelberg 1984

Ders. : "Molekulare und biophysikalische Aspekte der Malignität", o. O.1984

Rupert Sheldrake: "Das schöpferische Universum", München 1981

Martin Siems, "Dein Körper weiß die Antwort", Reinbek bei Hamburg 1986

Henry G. Tietze: "Entschlüsselte Organsprache", München 1987